AF187020

<u>MÄNNER-LEIDEN</u>

„WARUM SCHNUPFEN NICHT GLEICH SCHNUPFEN IST...

UND WIESO MÄNNER SONST NOCH LEIDEN...“

MÄNNER-LEIDEN

„WARUM SCHNUPFEN NICHT GLEICH SCHNUPFEN IST...

UND WIESO MÄNNER SONST NOCH LEIDEN...“

Ralph Schaper

Herstellung und Verlag:

BoD – Books on Demand, Norderstedt

ISBN 978-3-7460-4823-9

LEIDENSPHASEN

WICHTIGES VORAB

Für wen ist dieses Buch gedacht? Nur für Männer? Nur für Frauen? Oder tatsächlich für beide?

Ich habe ehrlich gesagt keine Ahnung. Wenn ich es mir so recht überlege, weiß ich auch nicht wirklich, warum ich gerade über dieses Thema ein Buch schreibe?

Über viele verschiedene Themen habe ich schon etliche Zeilen verfasst. Also warum jetzt auch noch ein Buch über uns Männer? Und warum gerade über **„Männer-leiden"**?

Vielleicht weil es einfach mal an der Zeit ist, ganz offen über die Wehwehchen von uns Männern zu sprechen. In unserer heutigen Gesellschaft müssen alle immer hundert Prozent oder mehr geben. Schwächen sind nicht gern gesehen. Starke Typen müssen wir sein. Der Leitwolf, der Unerschütterliche, der Macher, der Alleskönner und was weiß ich noch alles.

Aber wir sind doch keine Maschinen, wir sind keine Roboter. Wir sind Menschen. Wir sind Männer. Und zwar die, die auch mal leiden dürfen.

Es soll in diesem Buch nicht darum gehen, Mitleid hervorzurufen, Verständnis zu erzeugen oder in irgendeiner Art und Weise Anteilnahme zu leisten. Es geht einzig und allein darum, aus der Sicht der Männer deren Gefühle und Situationen zu schildern. Es geht darum, einen Einblick in die Verhaltensweise des vermeintlich „starken Geschlechts" zu erhalten. Dies wird mit sehr bildhaften und selbst erlebten Geschehnissen erfolgen. Männer werden sich wiedererkennen und Frauen werden ihre Männer wiedererkennen.

Falls zufälligerweise dann doch jemand von Ihnen, und ich meine jetzt speziell die Frauen, ein gewisses Gefühl von Mitleid oder Verständnis an den Tag legen möchte, dann haben wir Männer natürlich nichts dagegen.

Möglicherweise trägt dieses Buch ja sogar dazu bei, dass die Damen der Schöpfung anders auf uns reagieren und dass wir Männer mehr Verständnis für das Verhalten unserer Frauen haben.

Das wäre doch ausgezeichnet, oder? Ob ein Buch so etwas schaffen kann? Ich muss mich wiederholen, ich habe keinen blassen Schimmer. Wir sollten uns einfach am Ende dieses „literarischen Meisterwerks" noch mal darüber unterhalten.

Jetzt erst mal viel Vergnügen...

ERKÄLTUNGSZEIT

Wir haben mal wieder Ende September. Die ersten Herbststürme liegen bereits hinter uns. Die Tage werden kürzer und die Nächte kälter. Auch tagsüber lässt es sich nicht schönreden, der Herbst ist da. Die Erkältungszeit steht vor der Tür.

Manche von uns schaffen es vielleicht noch unbeschadet über den Oktober, aber spätestens im November geht es los. Jede Türklinke in öffentlichen Gebäuden, jeder Einkaufswagen im Supermarkt und jeder unserer Mitmenschen ist ein potentieller Gefahrenherd. Noch öfter als sonst waschen wir uns die Hände. Bloß keine Bakterien einfangen. Am besten, wir gehen nur noch mit Mundschutz und Einweghandschuhen vor die Tür. Gut, dann sehen wir zwar etwas seltsam aus, aber es gibt ja einige Länder, da ist das aufgrund des ganzen Smogs in der Luft ganz normal.

Wobei, so können wir doch hier bei uns nun wirklich nicht rumlaufen. Bleiben wir doch mal realistisch. Das sähe wirklich lächerlich aus.

Wissen Sie, was noch lächerlich aussieht? Wenn die Ehefrau ihren Gatten zum Arzt fahren muss, ihn dort anmeldet mit den Worten:

„Mein Mann ist krank. Er muss sofort zum Doktor. Es ist schlimm!"

Wenn daraufhin die Sprechstundenhilfe fragt:

„Was fehlt ihm denn?"

Und die Ehefrau mit süffisanter Stimme sagt:

„Er hat Schnupfen!"

Der Mann, hinter seiner Frau stehend wie ein Häufchen Elend, sich die Nase schnäuzt und diesen jämmerlich, weinerlichen Gesichtsausdruck hat, so ganz nach dem Motto:

-Bitte helfen Sie mir. Ich glaube es geht mit mir zu Ende-

Das ist lächerlich.

Die Sprechstundenhilfe grinst die Ehefrau an und sagt:

„Bringen Sie Ihren Mann bitte ins Wartezimmer, wir rufen ihn dann auf."

Gesagt getan. Die Frau lotst ihren Göttergatten zum Wartezimmer, biegt um die Ecke und was sieht sie? Das ganze Wartezimmer ist voller Männer zwischen 30 und 50 Jahren. Ein Konzert von schniefenden Nasen und hustenden Menschen ertönt den Gang entlang.

Die Frau denkt sich nur:

Hier gehörst Du hin. Setz Dich zu Deinen Artgenossen. Ich bin dann mal weg und kümmere mich um wirklich wichtige Dinge!

Als plötzlich ein laut piepsendes Geräusch ertönt. Ich sehe nach links und schaue auf meinen Wecker. 6:30 Uhr. Puh, alles nur geträumt. Noch mal Glück gehabt. Schweißgebadet gehe ich ins Badezimmer, blicke in den Spiegel, sehe in gerötete Augen, spüre eine triefende Nase und fange an zu niesen.

Verdammt, jetzt hat es mich tatsächlich erwischt. Der „Männerschnupfen" ist da!

„MÄNNERSCHNUPFEN"

Es war mal wieder soweit. Einen Tag nach den Weihnachtsfeiertagen waren wir zu Besuch bei unseren besten Freunden. Deren älteste Tochter hatte Geburtstag. Sie ist sechs Jahre alt geworden.

Nett beisammen sein, Geschenke für die Kleine, Essen, Trinken, usw. Vor zwei Tagen waren wir auch schon dort. Weihnachtstreffen. Geschenke für die Kinder, genauer gesagt, unsere Patenkinder. Die Jüngste ist gerade mal 10 Monate alt. Die Älteste ist jetzt 6 und die Mittlere ist 4 Jahre alt.

Aber heute steht die Große im Mittelpunkt. Familie und Freunde sind auch da. Der Tisch ist gedeckt, mit Kuchen speziell für die Kleinen. Das Geburtstagskind ist beschäftigt mit Kerzen ausblasen, Kuchen verteilen und was sonst noch so anfällt.

Und wie das so ist, wenn die Patenfamilie vorbeischaut, wird sich auf jeden Fall um alle Kinder gekümmert. Natürlich wird auch der jüngste Spross betüddelt und bespaßt, was das Zeug hält.

Während der Rest der Anwesenden am gedeckten Kaffeetisch sitzt, habe ich das jüngste Familienmitglied auf dem Arm.

Bei mir hat sie schließlich die beste Aussicht auf das Geschehen. Aus zwei Meter Höhe lässt sich alles prima beobachten. Das Baby hat Spaß und ich freue mich, dass sie sich an mir festklammert und nicht weint. Sie ist glücklich und zufrieden.

Und zwar so glücklich, dass sie mich auf einmal ganz genüsslich, innerhalb kürzester Zeit, zweimal aus vollem Herzen anniest.

Hätte man eine Kamera mit Superzeitlupe auf mich gerichtet, die zeigt, wie die Bazillen durch die Gegend fliegen, es wäre wahrscheinlich das reinste Feuerwerk gewesen.

In diesem Moment war mir eines sofort klar: *Meine Abwehrkräfte können noch so stark sein, gegen diese Babybazillen ist kein Kraut gewachsen!*

Ich versuche noch den Kopf wegzudrehen, also meinen, nicht den des Babys, aber das ist ungefähr so hilfreich, wie Antimückenspray gegen Mücken.

Es ist geschehen. Ich kann förmlich spüren, wie die ganzen Bakterien ihren Weg in meine Atemwege suchen und auch finden werden. Dazu aber gleich mehr.

Nur wie soll man das auch verhindern, wenn man solch eine Bazillenschleuder auf dem Arm hat? Man kann ja schlecht einem 10 Monate alten Baby sagen:

„Hey, wenn Du niesen musst, dann nimm bitte die Hand vor den Mund oder besser noch, nies in den Ellenbogen."

Also gäbe es ja nur eine Möglichkeit. Abstand halten. Das Baby weit von sich halten, also am besten gar nicht halten. Keinen näheren Kontakt. Aber dann können wir ja gleich zu Hause bleiben. Ehrlicherweise muss ich sagen, dann kann ICH ja gleich zu Hause bleiben. Denn, wenn meine Frau das Baby auf dem Arm hat, entweder niest es dann nicht oder sie steckt sich generell nicht an.

Haben Frauen eigentlich andere Abwehrkräfte? Oder habe ich es einfach mal wieder verdient? Wahrscheinlich beides.

An dieser Stelle muss ich zum Satz „zu Hause bleiben" noch etwas gestehen. Wenn wir uns mit Freunden verabreden und diese Kinder haben, die dann bei dem Treffen dabei sein werden, frage ich seit einiger Zeit vorab, ob irgendwer irgendwelche Krankheiten hat. Warum?

Weil ich mittlerweile ein kleiner Hypochonder bin. Ja ein kleiner. Meine Frau meint zwar, ich wäre schon ein ausgewachsener Hypochonder, aber was weiß die schon? Sie muss ja nicht leiden. Sie wird so schnell nicht krank. Und wenn doch ... na ja, da reden wir später nochmal drüber.

Ich frage deshalb nach, weil ich selbständig bin, Termine einhalten muss und es mir nicht erlauben kann krank zu werden. Egoist! Denkt wieder nur an sich der Kerl! Da haben Sie Recht. Je älter ich werde, desto schlimmer wird es.

Zurück zum eigentlichen Thema. Das Baby ist immer noch auf meinem Arm. Eine geringe Hoffnung versucht meinem Unterbewusstsein zu sagen: *Ach wird schon nicht so schlimm werden, vielleicht passiert ja auch gar nichts!*

Von wegen. Sie können sich vorstellen, was passiert:

MÄNNERSCHNUPFEN!!!

Dieser Begriff ist ja mittlerweile sehr weit verbreitet. Wieso? Weil Schnupfen nicht gleich Schnupfen ist. Grundsätzlich und weil er von Männern und Frauen unterschiedlich wahrgenommen wird.

Auf jeden Fall kam es wie es kommen musste, ich wurde krank. Okay, sagen wir so, ich bekam eine Erkältung. Für mich ist das gefühlt eine fürchterliche Krankheit. Natürlich ist es das nicht. Es gibt leider viel gravierendere und schlimmere Krankheiten auf diesem Planeten. Und viele Menschen leiden, aber jammern nicht. Ich leide und jammere. Fragen Sie mal meine Frau. Die kann ein Lied davon singen.

Auf jeden Fall konnte ich die Uhr danach stellen. Drei Tage waren vergangen und auf einmal spürte ich so ein leichtes Kratzen im Hals. Sofort meldet sich mein Unterbewusstsein wieder: *Ach du Scheiße, jetzt sind die Bakterien tatsächlich angekommen und die Abwehrkräfte konnten nichts dagegen ausrichten.*

Das Bewusstsein versucht noch einmal positiven Einfluss zu nehmen: *Ach das kann ja auch nur so sein. Vielleicht liegt es am Essen, so ein leichtes Kratzen muss ja noch gar nichts heißen.*

Was passiert? Am nächsten Tag hat sich aus dem leichten Kratzen ein ausgewachsener Halsschmerz entwickelt. *Na wunderbar, da ist sie endlich, die Erkältung.*

Kann es eigentlich sein, dass wir Krankheiten auch herbeireden können? Nicht umsonst heißt es ja <u>Hypochonder</u>. *„Jemand der meint krank zu sein oder krank zu werden, obwohl er es gar nicht ist."*

Also, was mache ich nun? Schublade auf und alles was gegen Halsschmerzen hilft, wird herausgeholt. Da sind die leichten Tabletten, die nur für, bzw. gegen einen rauen Hals sind. Da sind aber auch die stärkeren Tabletten, die einen richtig heftigen Wirkstoff haben. Genau den Stoff brauche ich jetzt. Her damit.

Vor Jahren hatte ich schon mal „sehr starke" Halsschmerzen, so dass ich die stärkeren Tabletten geschluckt habe, als wären es TickTack. Mit dem Resultat, dass die Halsschmerzen recht schnell weg waren, ich aber nicht mehr vom „stillen Örtchen" runterkam.

Nicht umsonst steht auf der Packung, drei bis sechs Tabletten verteilt auf den ganzen Tag und nicht innerhalb einer Stunde. Muss wohl irgendwas Wahres dran sein. Na ja, wer lesen kann ist klar im Vorteil, sagt man. Und wenn man sich dann auch noch daran hält, umso besser.

Ich weiß ja nicht, wie es Ihnen während einer Erkältung so geht, aber Halsschmerzen sind doch echt das Schlimmste, oder? Jeder Schluck tut weh. Jeder Biss ins Essen wird zur Qual.

Übrigens steht am nächsten Tag ein weiteres Treffen mit besagter Familie an. Silvester. Wunderbar. Dann kann ich mir den Übeltäter ja gleich nochmal vorknöpfen. Gesagt, getan. Nach der Begrüßung aller Anwesenden habe ich mir die kleine Lady erst mal zur Brust genommen. Im übertragenen Sinne natürlich.

„Hey Du kleiner Scheißer. Vielen Dank für die Bazillen vom letzten Mal."

Als wenn das jetzt noch was bringen würde. Rückgängig machen kann man es ja sowieso nicht mehr.

Mal ganz abgesehen davon, dass die junge Dame das natürlich nicht mit Absicht gemacht hat und sie jetzt eh nicht versteht, was ich ihr da gerade sage.

Sie krabbelt auf dem Boden rum, schaut mich mit ihren großen braunen Kulleraugen an und denkt sich wahrscheinlich nur: *Was will der große Mann schon wieder von mir?*

„Keine Angst meine Kleine. Ich mache ja nur Spaß. Du kannst nun wirklich nichts dafür. "

Sie war übrigens so erkältet, dass sie vor zwei Tagen noch Fieber hatte. Ob ich sie trotzdem an Silvester wieder auf den Arm genommen habe? Na klar! Schlimmer werden kann es ja nicht mehr!

Nachdem wir alle mit dem gemütlichen Essen fertig waren – es gab Fondue, wie bei vielen so üblich an Silvester – kam die Große, die 6jährige mit Nachtisch an. Obst. Sie versorgte jeden am Tisch mit den verschiedensten Obstsorten. Wobei sie selber am liebsten Äpfel isst. Diesen wollte sie auch mir dann anbieten. Ich lehnte dankend ab.

„Aber Du Onkel, warum willst Du denn keinen Apfel, die sind doch lecker und gesund!? "

Wo sie Recht hat, hat sie Recht. Ich sah sie an und holte zur Erklärung aus, warum ich keine Äpfel essen könne.

„Weißt Du, ich kann leider keine Äpfel essen."

„Warum nicht?"

„Weil ich Heuschnupfen habe."

Das Kind sah mich verwundert an, so dass ich weiter erklärte:

„Im Frühjahr und im Sommer habe ich doch immer sehr starken Schnupfen..." Das Kind unterbrach mich:

„Ja, ich weiß. Männerschnupfen."

Ein Gelächter sondergleichen brach unter allen Anwesenden aus. Der eine hatte es schwer, sein Getränk im Mund zu behalten, die andere fiel vor Lachen fast vom Stuhl.

Und ich, ich stand da wie der Ochs vorm Berg. Musste dann aber auch herzlich lachen. Denn so trocken, wie die Kleine das gesagt hat, war das einfach der Knaller. Besser als jedes Feuerwerk, dass in dieser Nacht noch folgen sollte.

Das war der ausschlaggebende Punkt für mich, dieses Buch zu schreiben. Vielen Dank liebe Lana S.

MÄNNER-LEIDEN...

Männer leiden mehr als Frauen. Männer leiden anders. Es ist ja nicht nur der Halsschmerz, sondern es folgt der Schnupfen. Nicht umsonst heißt es „Männerschnupfen". Tagsüber ist der Schnupfen ja noch auszuhalten, aber nachts, da geht das Problem erst richtig los. Entweder ist ein Nasenloch verstopft, so dass man kaum Luft bekommt oder es sind sogar beide Nasenlöcher zu. Na wunderbar, jetzt heißt es also, durch den Mund atmen. Wenn es ganz blöd läuft, sind die Nasenlöcher nicht nur verstopft, sondern zusätzlich läuft die ganze Zeit noch der Schnadder raus. Lecker.

Also nicht nur, dass wir keine Luft mehr bekommen, nein, jetzt läuft die Nase auch noch in einer Tour. Irgendwann ist das Kissen oder die Bettdecke so richtig schön durchgeweicht. Da kommt Freude auf. Klingt ganz schön ekelig, oder? Ist es ja auch.

Am liebsten würden wir doch jetzt unsere Frau wecken und sagen: *„Du Schatz, ich kann nicht schlafen, ich kriege keine Luft."* Oder wie es in einer Werbung so schön hieß: *„Schatz, kannst Du meine Mama anrufen, ich bin krank."*

Wir lassen unsere Frau aber lieber schlafen, weil wir die Antwort kennen.

„Dann atme halt durch den Mund. Stell Dich nicht so an!"

Wir leiden! So oder so, wir leiden. Und es wird nicht besser. Am nächsten Morgen fühlen wir uns so richtig dreckig.

„Schatz, ich bin krank!"

Keine Reaktion.

„Schatz, ich habe die ganze Nacht nicht geschlafen. Ich bin krank."

Es ereilt uns ein kurzer, abwertender Blick, so nach dem Motto: *„Stell Dich nicht so an, Du bist ein Mann!"*

Aber genau das ist ja das Problem. Ich bin ein Mann, ich habe Männerschnupfen.

Meistens bekommen Männer an dieser Stelle noch zu hören: *„Ich weiß nicht, was Du machen würdest, wenn Du ein Kind kriegen würdest. Da geht es einem so richtig schlecht. Also entspann Dich mal."*

Aber wie sollen wir uns denn jetzt entspannen? Wir haben kaum geschlafen, die Nase ist zu, der Schnupfen läuft trotzdem und zu allem Übel haben wir jetzt auch noch Zahnschmerzen. Natürlich ausgelöst durch die Erkältung.

Wir leiden! Und keiner will uns helfen. Aber irgendwie überstehen wir diesen Tag. Gehen arbeiten, kommen nach Hause, treffen wieder auf unsere Frauen. Wir leiden!

Mit einem leicht sarkastischen und süffisanten Unterton kommt von ihr die Frage:

„Und? Bist Du noch krank?"

Na klar, was denn sonst. Meinst Du, die Erkältung verschwindet von jetzt auf gleich wieder. Was für eine Frage.

Das haben wir natürlich nicht geantwortet. Wir haben es uns nur gedacht. Gesagt haben wir nur mit etwas weinerlicher Stimme: *„Ja."*

Am liebsten würden wir doch jetzt sagen:

„Ja. Kannst Du mir eine heiße Suppe oder eine Brühe machen?"

Machen wir aber nicht, weil wir auch hier die Antwort schon kennen. Also leiden wir im Stillen weiter. Wobei, wenn ich mir das so recht überlege, leiden wir wirklich im Stillen?

Nach jedem Niesen oder Naseputzen folgt doch ein tiefer Seufzer. So ganz nach dem Motto: *Ich bin ja soooo krank.* Wir machen das nicht absichtlich, wir leiden eben einfach nur.

Es geht uns schlecht.

Es geht uns aber bald noch viel schlechter. Denn eines folgt ja noch auf die Halsschmerzen, das Niesen und den Schnupfen. Nämlich der Husten.

Findet das bei Ihnen auch immer in dieser Reihenfolge statt? Schlimm, oder?

Der Husten fängt ähnlich zögerlich an wie die Halsschmerzen. Erst ist es ein leichtes Röcheln, dann wird es etwas mehr Husten, bis es dann zu einer ausgewachsenen Bronchitis wird.

Okay, das muss nicht immer und bei jedem der Fall sein. Aber bei mir es das. Jedes Mal das gleiche Spielchen. Und wie sagt man so schön, das Beste kommt zum Schluss. So kommt der Husten eben noch obendrauf.

Aber auch Husten ist nicht gleich Husten. Meine Frau hat damit kein Problem. *„Ach der geht schon wieder weg"*, ist so ihre Standardaussage. Ich will ihr am liebsten sofort die Hustentropfen einflößen, aber sie winkt nur ab. *„Lass mich bloß in Ruhe mit dem Zeug. Der Husten verschwindet schon von alleine wieder."*

Macht er bei ihr auch. Bei mir aber leider nicht. Womit habe ich das verdient? Warum muss ich schon wieder leiden?

Ich habe doch gerade erst die Halsschmerzen hinter mir und der Schnupfen quält mich doch auch immer noch. Warum muss dann jetzt auch dieser blöde Husten noch dazukommen?

Auch hier wieder das gleiche Phänomen. Tagsüber geht es einigermaßen. Was bleibt uns auch anderes übrig? Wir Männer im Job? Nur keine Schwäche zeigen. Wenn der Kollege auf uns zukommt und sagt:

„Hey, Du siehst ja heute echt beschissen aus. Bist Du krank?"

Dann wird einmal tief durchgeatmet, Brust raus und:

„Ach, nur ne kleine Erkältung. Alles kein Problem."

Bloß nicht zeigen, dass man leidet. Nicht hier. Das würden die lieben Kollegen doch nur wieder gegen mich verwenden. Die Macht- und Grabenkämpfe laufen sowieso schon auf Hochtouren, da muss man sich nicht auch noch auf diese Art und Weise angreifbar machen.

Hier, bei der Arbeit, da sind wir der „harte Hund". Zuhause, bei der Frau oder der Familie, da können wir leiden. Und das machen wir auch. Sobald wir abends zuhause reinkommen lassen wir unserem Leid wieder hemmungslos freien Lauf.

Richtig tragisch wird es aber erst wieder nachts. Beziehungsweise abends fängt das Problem ja schon an.

Der Husten wird schlimmer. Wir müssen häufiger Husten. Es ist harter, trockener Husten. Der sitzt so richtig schön fest. Viel trinken soll man. Okay, dann erst mal den Kasten Bier aus dem Keller holen.

Nein, machen wir natürlich nicht. Wir trinken Tee. Literweise Tee. Auch wenn wir sonst das Jahr über nicht einen Tropfen Tee trinken, jetzt ist es unser Lieblingsgetränk. Tee tut gut.

Übrigens, kennen Sie das auch? Dass wir Männer Sachen machen, die wir sonst nicht machen. Also nur in Bezug auf „Männerschnupfen" gemeint. Ich rede jetzt nicht von der Midlifecrisis. Die kommt später noch auf uns zu.

Nein, ich meine solche Dinge, wie Tee trinken, Suppe schlürfen, Wadenwickel, Wärmflasche und all so ein Zeug. Machen wir sonst nie. Aber jetzt, auf einmal, werfen wir alles über den Haufen. Der Mann muss nicht immer stark wie ein Fels sein. Nein, er darf auch mal ausbrechen und seine Schwächen zeigen.

Zurück zu unserem neuen Lieblingsgetränk. Tee. Wir merken, wie es warm wird im Körper, wie der Hals sich wohlfühlt. Wir trinken noch mehr Tee.

Dumm nur, dass nach einer Weile der Husten wieder genauso schlimm wie vorher ist. Oder sogar noch schlimmer. Zu allem Übel rennen wir jetzt noch alle paar Minuten auf die Toilette, da der Tee ja auch irgendwie wieder raus muss. Und das Grauen steht uns noch bevor. Wir müssen ins Bett. Wir wollen ins Bett. Wir wollen schlafen. Wir müssen schlafen. Vor allen Dingen nach der letzten Nacht. Wir brauchen unseren Schlaf. Wir leiden.

Was also passiert?

Wir legen uns hin, finden womöglich eine Position, in der die Nase einigermaßen frei ist, der Schnupfen nicht fließt wie ein Wasserfall, was kommt dann? Der Husten. Und zwar so richtig übel. Denn sobald wir uns hinlegen, wird es um einiges schlimmer. Wir haben gar nicht die Chance einzuschlafen, weil wir ununterbrochen Husten müssen. Kennen Sie das?

Na prima. Noch so eine Nacht, in der wir keinen Schlaf bekommen. Ich weiß nicht, wie es Ihnen geht, aber ich werde dann so leicht aggressiv. Ich verfluche diese Erkältung. Ich bin eh schon übermüdet, fühle mich schlapp und jetzt noch dieser Husten. Am liebsten würde ich laut schreien: *„Ach lasst mich doch alle in Ruhe mit diesem Scheiß!"*

Kann und mache ich aber nicht.

Schließlich schläft meine Frau neben mir wie ein Baby. Apropos Baby.

An dieser Stelle nochmals mein herzlichster Dank an den kleinen Hosenscheißer. Du siehst, was Du da angerichtet hast. Aber hey, ich mag Dich trotzdem.

Ich liege übrigens nicht mehr im Bett. Ich bin in der Küche und durchsuche die Hausapotheke nach Mitteln, die mir jetzt helfen können. Gut, man muss dazu sagen, dass ich im Laufe des Tages schon alles geschluckt habe, was wir so da haben. Hustentropfen auf Zucker. Hustentropfen ins Wasser. Und dergleichen mehr.

Wenn meine Frau das jetzt mitkriegen würde, käme wahrscheinlich nur wieder die Aussage:

„Leg Dich wieder hin, Dir ist eh nicht mehr zu helfen."

Kriegt sie aber nicht mit. Sie schläft und schläft und schläft.

Also was sollen wir jetzt tun? Okay, nochmal ein paar Tropfen. Egal, Hauptsache es hilft. Tut es aber nicht.

Nach einem weiteren Versuch einzuschlafen, der kläglich gescheitert ist, gehe ich rüber ins Wohnzimmer und lege mich auf die Couch. Meine Frau soll ja schließlich nicht auch noch leiden.

Reicht ja, wenn ich leide. Hatte ich eigentlich schon erwähnt, dass ich leide?

Ich werde übrigens ab jetzt wieder in der Wir-Form weiterschreiben, denn ich habe so das Gefühl, wir verstehen uns. Wir Männer haben den gleichen Leidensweg.

Die Nacht ist grausam. Der Husten hält uns von jeglicher Ruhephase ab. Wir fühlen uns wie gerädert. Die zweite Nacht schon, die wir kaum oder gar nicht geschlafen haben. Also, was machen wir? Wir gehen erst mal zur Apotheke. Wir brauchen härteres Zeug. Das, was wir haben, hilft nicht.

Wir schildern der Dame in der Apotheke unser Problem, sie hört uns aufmerksam zu, also, wenn wir Glück haben und verkauft uns irgendein anderes Mittel. Hocherfreut und bis unter die Hutspitze motiviert, gehen wir nach Hause, nehmen direkt dieses neue Medikament und haben das Gefühl, dass ist es! Das ist das Medikament, welches uns helfen wird. Es wird uns heilen, wir werden endlich wieder schlafen können. Es geht uns auch schon besser. Bilden wir uns zumindest ein.

Der Tag vergeht. Wir schlucken die neue Medizin. Wir kommen abends nach Hause, der Husten wird wieder schlimmer und wir ahnen schon was passiert.

Diese Nacht wird genauso beschissen werden wie die letzte. Entschuldigen Sie meine Ausdrucksweise. Aber es muss doch mal gesagt werden. Wir leiden!

„Schatz, es wird nicht besser. Was soll ich machen? Ich kann bestimmt die Nacht wieder nicht schlafen!"

Die fürsorgliche Frau kümmert sich jetzt um ihren Mann. Sie umsorgt ihn. Macht ihm Suppe, bringt ihm die Medizin, auch wenn diese nicht hilft, egal, sie ist für ihn da.

Manche andere Frau kann das Gejammer aber auch einfach nicht mehr hören. Sie reagiert erst gar nicht auf diese Äußerungen. Die werden einfach überhört. Ist aber auch verständlich, denn wir Männer jammern ja wirklich die ganze Zeit.

Erst schmerzt der Hals beim Trinken und Essen. Dann hat man keinen Geschmack mehr, so dass das geliebte Essen der Frau gar keinen Wert mehr hat. Insofern es denn geliebt wird. Vielleicht ist der ein oder andere ja auch ganz froh, wenn er keinen Geschmack mehr hat.

Dann tut die Nase weh, die Augen tränen und die Zähne schmerzen. Der Husten nervt und der Blick in den Spiegel zeigt die ganze Wahrheit. Wir leiden!

Okay, unsere Frauen leiden auch. Und zwar unter uns. Sie müssen das ganze Dilemma jeden Tag aufs Neue mitmachen.

Wenn die mal erkältet sind, dann kommt da kein Pieps. Alles pillepalle. *„Krieg Du erst mal ein Kind, dann weißt Du was Schmerzen sind... "*

Wir sprachen bereits darüber. Wobei es einen ähnlichen Schmerz wie bei der Geburt auch für Männer gibt. Dazu später mehr.

Aktuell sind wir ja immer noch erkältet. Aber mir stellt sich gerade die Frage, waren wir eigentlich schon immer so wehleidig? Also wir, als wir jünger waren. Im Teenageralter? Wie sind wir damals mit Erkältungen umgegangen? Ich kann mich nicht mehr daran erinnern, ist schon zu lange her. Wie war es bei Ihnen?

Oder macht uns das Alter einfach empfindlicher? Sind wir alle Weicheier geworden, die nicht mal mehr mit einer normalen Erkältung klarkommen?

Meine Frau und ich hatten mal überlegt, eine Kreuzfahrt zu machen, als auf einmal verschiedene Berichte über Viren auf Kreuzfahrtschiffen im Fernsehen kamen. Ist einer erkrankt, zieht sich das wie ein roter Faden durch das ganze Schiff.

Resultat. Nein danke, das müssen wir uns nicht antun. Nein, ich bin kein ausgewachsener Hypochonder, wie kommen Sie denn darauf? Alles nur eine gesunde Portion Respekt und Vorausschau.

Fahren wir also lieber in ein Hotel... und werden da krank. Nein, bitte nicht. Aber kann passieren. Ist uns vielleicht allen schon mal passiert. Schön ist das nicht.

So Magen-Darm im Urlaub, da kommt Freude auf. Aber hey, ein paar Imodium Akut eingeworfen und der Urlaub kann weitergehen. Schönes Thema, nicht wahr? Sollen wir uns nicht mit beschäftigen? Warum nicht?

Weil wir gerade erst eine Erkältung hinter uns haben? Ach so. Jetzt stellen wir uns nur mal vor, wir sind im Urlaub erkältet und bekommen dann noch einen flotten Otto. Warum sagt man das eigentlich so? Keine Ahnung. Aber das wäre doch nicht mehr auszuhalten. Dann wäre der Urlaub im A... Also im wahrsten Sinne des Wortes.

Und wer leidet darunter am meisten? Der Mann. Der sitzt jammernd wie ein kleines Kind auf seinem Hotelbett und fleht Gottes Hilfe herbei. Die Frau denkt sich nur: *Was für ein Weichei!* Schnappt sich die Kinder und geht zum Pool.

Aber wir Männer, wir sind eben anders. Wir zeigen Emotionen, wo andere keine zeigen. Bestes Beispiel: Autos.

Wenn wir uns von einem Auto trennen, dann fällt uns das nicht leicht.

Schließlich haben wir über die Jahre eine gewisse Beziehung zu diesem Automobil aufgebaut. Vielleicht war diese Beziehung bei manchen Männern inniger, als die zu ihrer Frau.

Wir trennen uns nur ungern. Also von dem Auto. Aber wenn dann der neue Wagen abgeholt wird, dann freuen wir uns doch wie ein kleines Kind. Das ist wie Weihnachten und Ostern und Geburtstag zusammen.

Das können viele Frauen wiederum nicht verstehen. Für sie sind Autos nur Gebrauchsgegenstände. Da ist es egal welche Farbe und Ausstattung der Wagen hat. Hauptsache er fährt. Wenn wir Männer ein neues Auto bestellen und vielleicht drei Monate darauf warten müssen – wir leiden!

Aber wir kommen von unserem eigentlichen Thema ab. „Männerkrankheiten". Okay, das kann man jetzt auch falsch verstehen. Wir wollen uns nicht im Detail über alle möglichen Krankheiten auslassen, die nur Männer haben. Es geht ja darum, warum Männer so leiden und Frauen nicht? Oder besser gesagt, warum sie anders leiden?

Ich weiß nur nicht, ob wir tatsächlich eine befriedigende Antwort auf diese Fragen finden werden.

Haben Männer und Frauen ein unterschiedliches Schmerzempfinden?

Mit Sicherheit. Studien haben herausgefunden, dass Frauen mehr unter Schmerzen leiden als Männer. Aber anscheinend zeigen sie es nicht. Warum gäbe es sonst den Begriff „Männerschnupfen"? Ist das nicht paradox?

Frauen leiden eigentlich viel mehr und wer ist es, der in einer Tour rumjammert? Der Mann.

Wobei mir da gerade eine Situation einfallt, die dazu wunderbar passt. Dafür müssen wir einige Jahre zurückgehen.

Vor einiger Zeit verspürte ich im unteren Rückenbereich Schmerzen. Ich hatte mittwochs noch mit Kunden Golf gespielt, merkte aber an dem Tag schon so ein leichtes Ziehen. Dieses leichte Ziehen verstärkte sich Tag für Tag, so dass ich freitags kaum noch auf dem Bürostuhl sitzen konnte.

Zuhause angekommen erntete ich von meiner Frau solche Sprüche wie: *„Du solltest vielleicht weniger Golfen,* oder: *„Das hast Du jetzt davon, dass Du immer ins Fitnessstudio gehst. Guck mich an, kein Sport, kein Fitnessstudio, keine Schmerzen."*

Kennen Sie das? Müssen Sie sich solche Sprüche von Ihren Frauen auch immer wieder anhören?

Ich leide mit Ihnen.

Kurzzeitig ließ der Schmerz dann sogar nach. Ich muss allerdings dazu sagen, dass ich vorher die halbe Tube Voltarensalbe an die entsprechende Stelle geschmiert habe. Auch so eine Sache, die meine Frau nicht versteht.

Ich schwöre auf Voltaren und sie winkt immer nur ab. Wenn sie mal Schmerzen hat, dann werden die ertragen. Salbe? So ein Quatsch. Das bringt doch eh nichts.

Samstagabend war der Schmerz dann leider wieder da. Und zwar wesentlich schlimmer, als die Tage zuvor. Das habe ich meiner Frau natürlich auch ausführlich mitgeteilt. Ja genau, ich habe gelitten. Es war echt schlimm. Man sagt uns Männern ja nach, dass wir zu wenig über unsere Gefühle sprechen. An diesem Abend habe ich es getan. Und zwar in ausführlicher Art und Weise. So dass dann der Zeitpunkt gekommen war, dass sogar meine Frau es langsam ernst nahm.

Man muss dazu sagen, dass ich mich auf einmal vor Schmerzen kaum noch bewegen konnte. Das ging dann so weit, dass ich im Schlafzimmer auf dem Boden lag. Gekrümmt vor Schmerzen, Atemnot, Schweißausbrüche, usw.

Diese Auswirkungen ließen dann auch meine Frau nicht mehr kalt, so dass sie den Notarzt rief.

Als der dann nach einer gefühlten Ewigkeit endlich kam – es waren gerade mal acht Minuten – aber mir kam es vor, als wären es Stunden gewesen, denn ich litt ja gerade extrem, sagte ich nur zu ihm:

„Ich habe Rückenschmerzen, geben Sie mir einfach eine Spritze, dann passt das schon."

Der Notarzt folgte meinen Anweisungen nicht. Schon wieder einer, der nicht auf mich hört. Na prima. Stattdessen verfrachtete er mich in den herbeigerufenen Krankenwagen und ließ mich in das nächstgelegene Krankenhaus fahren.

Ich weiß bis heute nicht, wie ich das geschafft habe, denn es waren echt höllische Schmerzen. Das konnte auch meine Frau nicht mehr leugnen.

Im Krankenhaus angekommen, brachte man mich direkt in die Notaufnahme. Ich bekam eine Spritze und plötzlich war alles wieder gut. Der Schmerz war weg. Zauberei. Ich stand dort, sah meine Frau an und sagte nur:

„Warum hat der mir nicht gleich eine Spritze gegeben? War doch meine Rede."

Sie sah mich nur an und antwortete.

„Warte erst mal ab, die wollen Dich gleich noch untersuchen. Das war jetzt nur gegen die Schmerzen."

Man muss dazusagen, dass ich mich an die Fahrt zum Krankenhaus und die Aufnahme in der Notaufnahme, so gut wie gar nicht erinnern konnte. Ich war wohl kurz vor der Ohnmacht, so wie meine Frau mir später erzählte.

Eine Notärztin untersuchte mich dann und sagte mir, dass ich wahrscheinlich einen Nierenstein hätte und man mir eine Morphiumspritze gegen die Schmerzen gegeben hätte.

Aha, deshalb schwebte ich förmlich durch die Räume. Das war endlich mal ein guter Stoff. Also nicht, dass Sie mich falsch verstehen, keine Macht den Drogen, aber in dieser Situation war es wohl nötig, sonst hätte man mir das Zeug ja nicht gegeben.

Die beste Aussage, und Sie werden später noch merken wieso, kam dann aber noch von der Ärztin: *„Das sind schlimmere Schmerzen, als bei einer Geburt."*

Diesen Satz habe ich an diesem Tag gar nicht so richtig wahrgenommen, aber im Unterbewusstsein abgespeichert. Und das würde ich später noch einmal nutzen können.

Als die Wirkung der Spritze dann langsam nachließ und die Schmerzen wiederkamen, brachte man mich auf ein Zimmer. Man wollte mich untersuchen, behandeln, was auch immer.

Mein allererster Aufenthalt in einem Krankenhaus seit meiner Geburt. Ich hätte mir was Besseres vorstellen können.

Aber endlich konnte ich wieder leiden. Ich musste leiden. Denn von Minute zu Minute nahmen die Schmerzen wieder die Ausmaße an, die sie ein paar Stunden zuvor hatten. Ich durfte an dieser Stelle auch leiden. Mittlerweile hatte sogar meine Frau Mitleid mit mir. Es geschehen noch Wunder.

Okay, das klingt jetzt vielleicht ein wenig zu hart. Sie hat den Ernst der Lage schon registriert und war sich meiner Schmerzen andeutungsweise bewusst.

Das Schlimmste an dieser ganzen Sache war aber die folgende Woche. In dieser Woche konnte ich leiden bis zum geht nicht mehr. Warum? Weil ich Schmerzen hatte, das ist klar. Aber warum noch? Weil der Oberarzt mit der Diagnose kam: *„Sie haben einen Nierenstein. Sie müssen viel Trinken und sich viel bewegen. Dann kommt der Stein schon raus.‟*

Das Problem war nur, ich hatte Schmerzen. So sehr, dass man mir über einen Tropf Schmerzmittel zufügte, die aber irgendwann auch nicht mehr wirkten. Und dort im Krankenhaus konnten die mir ja nicht eine Woche lang Morphium geben. Dann kommst du ja als Junkie aus der Klinik wieder raus.

„Okay, der Nierenstein ist draußen, aber wir müssen Ihnen leider mitteilen, dass Sie jetzt süchtig sind.“ Das geht natürlich auch nicht.

Also, deshalb muss ich es noch mal erwähnen. Ich habe gelitten. Und zwar vom allerfeinsten. Wenn man das so sagen kann.

Die Woche gestaltete sich dann so. Ich lief mit einem Tropf am Rollständer tagsüber durch das Krankenhaus. Das Treppenhaus rauf und runter. Der Arzt hatte schließlich gesagt, ich solle mich viel bewegen. Die anderen Ärzte und Schwestern kannten mich schon. Die begegneten mir tagtäglich, grüßten und schmunzelten.

Mir war aber von dem Schmerzmittel so schlecht, dass ich nichts Essen und kaum schlafen konnte. Aber das Treppenhaus war mein Freund. Ich zog es durch. Jeden Tag mehrfach rauf und runter. Kaum gegessen, wenig schlaf, egal. Ich wollte, dass sich dieser verdammte Nierenstein verabschiedet.

Abends, wenn meine Frau mich besuchte, oder wenn wir telefonierten, konnte ich dann wieder meinem Frust freien Lauf lassen. Irgendwem musste ich ja von meinem Leiden erzählen. Da muss dann eben die Frau für herhalten. Meine Frau hatte mittlerweile tatsächlich Mitleid.

Fast hatte ich das Gefühl, sie könnte die Schmerzen fühlen, die ich hatte. So wie Männer mit schwanger werden, wenn die Frau schwanger ist.

Wobei, werden die nicht meistens nur dicker? Also die Männer meine ich. Ich denke nicht, dass die Männer die Übelkeit oder sonstige Beschwerden mitfühlen oder nachvollziehen können.

Zurück zur mir. Schließlich leide ich ja immer noch und nicht gerade wenig. Was war das Ende vom Lied? Eine geschlagene Woche ließen mich die Ärzte in diesem Krankenhaus diese verdammte Treppe rauf und runter rennen. Nichts passierte. Der Stein kam nicht raus, die Schmerzen wurden nicht weniger. Bis dann, nach dieser Woche, der Oberarzt veranlasste, dass man mich in eine spezielle Klinik brachte, die für solche Situationen gewappnet ist.

Und was soll ich sagen? Kaum war ich dort, ging es mir besser. Warum nicht gleich so?

Es würde an dieser Stelle zu weit führen, alles aufzulisten, was die dort mit mir gemacht haben. Auf jeden Fall hat es auch hier eine Woche gedauert, aber es war eine Woche ohne Schmerzen und mit einem zufriedenstellenden Ergebnis.

Das heißt, eine Woche ohne Leiden. Was glauben Sie, wer am meisten aufgeatmet hat, meine Frau oder ich?

Sagen wir mal so, es hielt sich ungefähr die Waage.

Fragen Sie sich auch gerade, warum das jetzt auf einmal so leicht ging und warum es in der Woche zuvor, in dem anderen Krankenhaus, nichts gebracht hat?

Weil die Männer und Frauen im zweiten Krankenhaus genau wussten, was zu tun ist. Und die im ersten Krankenhaus? Vielleicht haben die es gut gemeint, aber ich glaube eher, die wollten schön Kasse machen.

An dieser Stelle muss ich dazu sagen, dass ich privat versichert bin. Das hängt mit meiner Selbständigkeit zusammen. Nach den beiden Krankenhausaufenthalten bekam ich nämlich die Rechnungen, die ich dann bei meiner Kasse einreichten musste.

Da bin ich aber fast vom Stuhl gefallen. Wissen Sie, was so eine Woche im Krankenhaus kosten kann? Haben Sie irgendeine Idee?

10.000,-- Euro!!! Ja ganz genau. In Worten zehntausend Euro. Der Wahnsinn, oder? Was würde ich leiden, wenn ich keine Versicherung gehabt hätte. Stellen wir uns nur mal vor, wir wären in einem anderen Land aufgewachsen, in dem es keine gesetzliche oder private Krankenversicherung gibt, na dann herzlichen Glückwunsch.

Dann würden wir wirklich leiden. Und da ist es völlig egal, ob Mann oder Frau.

Bei solchen Beträgen kann man dann doch verstehen, warum die Krankenkassen oftmals rote Zahlen schreiben. Aber jetzt genug von diesem Thema. Wir wollen uns ja schließlich mit dem „Männerschnupfen", beziehungsweise mit dem Leiden von uns Männern beschäftigen.

Die Eingangsfrage war ja, warum Schnupfen nicht gleich Schnupfen ist? Wir könnten diese Frage auch umformulieren: Warum Männer mehr oder anders leiden als Frauen?

Mit fällt da gerade noch ein passendes Beispiel ein. Der Klassiker. Magen-Darm. Hm lecker, ein schönes Thema. Na kommen Sie, wie sind doch alle erwachsen, da können wir doch auch solche Themen ohne weiteres ansprechen. Was war passiert?

Erst mal gar nichts schlimmes. Wir waren bei der Familie zu Besuch. Ich weiß gar nicht mehr warum? Irgendein Geburtstag stand glaube ich an. Wir waren also bei meiner Schwägerin. Meine andere Schwägerin kam ebenfalls dort hin. Mit Kind und Kegel, wie man so schön sagt. Die zwei älteren Kinder der beiden Schwestern meiner Frau hielten sich, wie fast immer, im Kinderzimmer der einen Nichte auf. Mädelskram oder so.

Der damals 4jährige Sohn war die meiste Zeit bei uns Erwachsenen. Was sich später als das Problem herausstellen würde.

Sie können schon ahnen, worauf ich hinaus möchte? Ist ja auch nicht schwer zu erraten, schließlich ist das Stichwort ja schon gefallen.

Allerdings war an diesem Abend noch alles okay. Die Stimmung war gut. Es war ein Samstag. Die Feier ging lange. Alles war prima.

Nur am Sonntagabend, genauer gesagt Sonntagnacht, da kam das große Problem. Ich will Ihnen die Details ersparen. Aber es war echt ein Problem. Warum?

Alle unter Ihnen, die Kinder haben, wissen was ich meine. Diese kleinen Kinder sind tagsüber im Kindergarten oder wie man es heute nennt, in der Kita. Nachmittags kommen die kleinen Scheißer nach Hause und bringen alles mit, was sie dort bekommen konnten. Unter anderem eben auch Magen-Darm-Viren. Und diese Viren, die haben es in sich. Das endet nicht mit einer einfachen Magenverstimmung und dem obligatorischen Gang auf das stille Örtchen. Nein, das endet mit dem Gang zum Arzt.

Also bei mir zumindest. Bei meiner Frau natürlich nicht. War ja klar. Ich leide mal wieder alleine.

Fast genau 24 Stunden nach dem Familientreffen ging es los. Ich erspare Ihnen jetzt wirklich die Details, aber lassen Sie mich nur eines sagen, es war schlimm. Ich musste richtig leiden. Die ganze Nacht, den kompletten nächsten Tag und auch die Tage danach.

Nur etwas war wie immer seltsam. Meine Frau ging Montagmorgen ganz normal arbeiten. Okay, Sie hatte so ein komisches flaues Gefühl im Magen, ihr war den Tag über auch ein bisschen Übel, aber mehr auch nicht.

Ich lag, wie ein Häufchen Elend, abwechselnd auf der Couch oder im Bett. Oder ich war anderweitig beschäftigt, sie wissen schon was ich meine.

Manche, der bei der Familienfeier anwesenden Personen, hatten ähnlich Symptome. Aber es traf keinen so hart wie mich. Vielleicht habe ich es verdient meinen Sie? Möglicherweise ist das die gerechte Strafe? Für was? Ich tue doch keiner Fliege was zu leide. Aber ich werde mal darüber nachdenken. Vielleicht haben Sie ja Recht.

Da war es auf jeden Fall wieder. Das ausgewachsene Leiden. Wenn meine Frau mich anrief, um zu fragen wie es mir ging, dann hechelte ich nur so in den Hörer:

„Mir geht es so schlecht. Ich glaube ich sterbe.“ Und all solche Sachen.

Kennen Sie? Die Frauen sagen jetzt wahrscheinlich, *kenne ich, mein Mann ist genauso ein Jammerlappen.* Die Männer sagen wahrscheinlich, *genau mein Bruder, endlich mal einer der mich versteht.*

Im Nachhinein betrachtet, sind solche Äußerungen und auch das Verhalten bei Erkältungen ein Witz. Aber in dem Moment, wenn der Verstand aussetzt und nur noch das Unterbewusstsein arbeitet, dann kommen so seltsame Sachen zu Tage.

Wenn meine Frau dann abends kaputt und geschafft von der Arbeit nach Hause kam, dann hing ich da rum und war am Jammern. Sie war dann wenigstens noch so nett und fragte mich, ob sie mir etwas zu Essen oder eine Suppe machen solle? „*Nein danke.*" War dann meine Antwort. „*Nett gemeint, aber ich kann nichts essen.*" Ich war zu schwach zu allem. Aber zu einer Sache war ich nicht zu schwach. Nein, nicht was Sie jetzt schon wieder denken. Ich war noch in der Lage zu fragen:

„*Warum hat es Dich eigentlich nicht so schlimm erwischt?*"

Als ich die Frage ausgesprochen hatte, merkte ich anhand ihres Blickes, dass im Unterton etwas zu hören war, so sinngemäß: *Warum bist Du eigentlich so fit? Kannst Du nicht auch mal so leiden wie ich?*

Was ich natürlich nicht so gemeint hatte, aber was irgendwie so bei ihr angekommen war. Gott sei Dank war sie an diesem Abend zu müde, um mit mir darüber zu diskutieren. Da hatte ich noch mal Glück gehabt. Was stelle ich aber auch eine so dämliche Frage?

Das Ende vom Lied war dann, dass es auch mir langsam besser ging. Der Gang zum Arzt war dann irgendwann auch möglich und die Genesung nahm ihren Lauf. Die Leidenszeit war zu Ende. Vorerst.

MÄNNER LEIDEN ANDERS

Hatte ich eigentlich schon erwähnt, dass ich Freunde von uns, bevor wir uns trafen, immer gefragt habe, ob deren Kinder oder in der Familie irgendwelche Krankheiten akut sind? Ja, hatte ich schon erwähnt. Aber seit diesem letzten Vorfall nahm das Ganze extreme Ausmaße an. Und zwar so sehr, dass meine Frau schon zu mir sagte: *"Du kannst doch nicht immer alle und jeden fragen, ob irgendwelche Krankheiten im Umlauf sind, das macht man nicht. "*

Ich konnte ihren Einwand gar nicht verstehen. Okay, das geht mir häufiger so, aber das ist ein anderes Thema. Auf jeden Fall waren das für mich ganz legitime Fragen.

Wie lange ich mit meiner Frau schon verheiratet bin? Jetzt werden wir aber persönlich. Na gut, sind wir ja eigentlich die ganze Zeit schon.

Seit 22 Jahren. Wie bitte? Sie meinen, ich müsste dann meine Frau doch endlich verstehen? Nach so langer Zeit. Da haben Sie Recht. Eigentlich müsste ich das. Meistens gelingt es mir auch. Aber es gibt immer wieder Situationen, ... na Sie wissen schon.

Zurück zu unserem Anliegen.

Wenn ich jetzt gerade so darüber schreibe, was ich alles anstelle und wie ich mich verhalte, wird mir bewusst, dass ich, je älter ich werde, immer mehr zu einem Hypochonder werde.

Schlimm. Was ist nur mit mir los? Früher hat man sich über so etwas doch auch keine Gedanken gemacht? Warum denn dann heute? Oder liegt das wirklich nur an mir und an meinem Beruf?

Meine Frau hatte Recht. Ich sollte so etwas nicht fragen. Habe ich aber trotzdem gemacht. Nicht, um sie zu ärgern, ich konnte einfach nicht aus meiner Haut.

Denn wenn ich so mein Umfeld betrachte, die Menschen werden älter. Meine eigenen Eltern werden gebrechlicher. Früher war alles gut. Doch heute sieht das leider ganz anders aus. Ist doch ganz normal? Mag sein. Aber wie hat eine „alte Fernsehlegende" noch so schön gesagt: „Älter werden ist scheiße!"

Gesagt von Joachim „Blacky" Fuchsberger. Den Älteren unter Ihnen mit Sicherheit noch ein Begriff.

Und der Mann hat doch absolut Recht. Von wegen im Alter ist alles schön und entspannt. Die Rente genießen, nicht mehr arbeiten, usw. Das hört sich alles toll und prima an, doch wie sieht denn die Realität aus?

Viele Menschen, die bis ins hohe Alter berufstätig waren und von jetzt auf gleich Rentner werden, fallen erst mal in ein tiefes Loch. Die haben abrupt nichts mehr. Von heute auf morgen haben sie nichts mehr zu tun. Keine Arbeit mehr, keine Kollegen mehr. Und all das, was da sonst noch so dranhängt. Wenn man jetzt kein ausfüllendes Hobby hat oder eine Familie, die einen auffängt, ja dann fangen die Probleme doch erst an.

Älter werden ist scheiße!

Und für uns Männer besonders. Warum? Ist doch ganz klar. Weil wir mehr leiden. Wir müssen doch sowieso im Schnitt sieben Jahre früher ins Gras beißen als unsere Frauen. Und dann kommt eben noch dazu, dass wir grundsätzlich mehr leiden, als die Damen der Schöpfung. Daran ändert sich auch im Alter nichts. Wahrscheinlich wird es sogar nur noch schlimmer.

Wobei wir mal wieder auf den Boden der Tatsachen zurückkommen müssen. Wir jammern vielleicht gerade auf zu hohem Niveau. Wie bitte? Sie jammern nicht? Ich bin derjenige, der in einer Tour jammert? Da haben Sie Recht. Und es ist mir auch manchmal peinlich. Vor allem dann, wenn man im Freundeskreis Menschen hat, denen es viel schlimmer geht. Und zwar richtig schlimm. Ohne jetzt hier ins Detail gehen zu wollen.

Genau dann müsste ich mir echt selbst mal ein paar Ohrfeigen geben, um mich wieder auf den Boden der Tatsachen zu holen.

Nur leider sind wir Menschen Egoisten. Wir denken in erster Linie nur an uns selbst. Und in zweiter Linie denken wir auch noch an uns selbst. Und in 35. Linie wahrscheinlich auch noch. Irgendwann kommt dann vielleicht mal der andere. Aber dann ist es meistens schon zu spät.

Da ist die PowerPoint Präsentation, die noch vorbereitet werden muss. Die vielen Emails, die man während des Tages nicht beantworten konnte, die werden dann eben abends zu Hause bearbeitet. Mit der Frau mal ins Kino gehen oder ein nettes Restaurant besuchen, das kann man ja immer noch. Die nächsten Abende gehören erst mal PowerPoint.

Dann brauchen wir uns auch nicht zu wundern, wenn wir kein Mitleid bekommen, wenn wir mal krank sind.

„Du hast Rücken- oder Nackenschmerzen? Na kein Wunder, so oft wie Du an Deinem Computer hängst."

Da gibt es keine wohltuende Massage oder nett gemeinte Worte. Nein, da gibt es nur Hohn und Spott. Zu Recht. Wir sind es doch auch selber schuld.

Da muss dann eben wieder die Voltarensalbe ran. Die hilft immer. Nur fragen Sie jetzt bitte nicht Ihre Frau, ob sie Sie damit einreiben könnte, tun Sie das bloß nicht. Sie ersparen sich jede Menge Ärger und Diskussionen.

Wie ich bereits erwähnte. Ich schwöre ja auf diese Salbe. Meine Frau hält das für Humbug. Wenn mir mal wieder die Gelenke, der Nacken oder der Rücken schmerzen, dann her mit der Salbe. Morgens, mittags, abends. Und am nächsten Tag ist alles wieder prima. Wenn meine Frau mal Schmerzen hat, dann werden die ertragen. Da gibt es keine Salben.

Wenn ich mal Bauchschmerzen habe, aus welchen Gründen auch immer, dann bekomme ich nur zu hören:

„Sei froh, dass Du keine Frau bist. Ich habe einmal im Monat extreme Bauch- und Rückenschmerzen. Hörst Du mich da rumjammern?"

Liebe Männer, an dieser Stelle bloß nicht antworten. Das ist eine rein rhetorische Frage. Alles was wir jetzt sagen würden, wird hinterher nur gegen uns verwendet. Ich habe mal gehört, dass ein Mann daraufhin zu seiner Frau sagte:

„Du bist das ja gewohnt. Du kriegst die ja schon seitdem Du denken kannst."

Ach Du Schande, habe ich mir nur gedacht. Mein armer Freund, das war es. Du kannst direkt schon mal den Löffel abgeben. Wenn sie dich nicht sofort killt, dann wird es auf jeden Fall ein langsamer und qualvoller Tod werden.

Apropos „Denken". Warum fällt uns das, auch gerade in solchen Situationen, denn so oft so schwer? Warum denken wir nicht erst nach, bevor wir antworten?

Wahrscheinlich weil wir aus dem Bauch heraus antworten. Wussten Sie, dass 80% unserer Entscheidungen aus dem Bauch heraus getroffen werden? Also vom Unterbewusstsein. Da gibt es Studien noch und nöcher drüber.

Aus beruflicher Sicht hat sich das hundertprozentig bestätigt. Aus privater Sicht? Na das können Sie jeder für sich selbst beantworten.

Allerdings stellt sich mir gerade die Frage, ob es dabei wiederum Unterschiede zwischen Frauen und Männern gibt? Ist das möglicherweise der Grund dafür, warum wir Männer mehr oder anders leiden, als die Frauen? Beziehungsweise ist das die Erklärung dafür, dass Frauen das mit ihrem Bewusstsein ausmachen. Sich also bewusst damit auseinandersetzen und wir Männer aus dem Unterbewusstsein heraus, dem Schmerz einfach freien Lauf lassen?

Könnte das eine Erklärung dafür sein? Ich weiß es nicht. Vielleicht. Vielleicht auch nicht.

Es könnte ja auch ganz andere Gründe haben. Es könnte sein, dass wir uns nur dann mit den Schmerzen des anderen identifizieren können, wenn wir genau den gleichen Schmerz auch schon mal erlebt haben. Gut, das könnte schwierig werden, denn wir Männer können ja, zum Beispiel, keine Kinder kriegen.

Aber was hatte die Ärztin noch gleich gesagt, als ich mit dem Nierenstein im Krankenhaus lag?

Das seien schlimmere Schmerzen als bei einer Geburt. Na also, da haben wir es doch.

Wir können, wenn wir denn einmal solche Schmerzen gehabt haben, uns wunderbar in die Lage der Frauen hineinversetzen. Aber jetzt bitte nicht zu ihr sagen:

„Du Schatz, stell Dich mal nicht so an. Die Schmerzen, die ich damals hatte, waren viel schlimmer."

Dann würde die ganze Sache extrem nach hinten losgehen. Wir können es aber dann nutzen, wenn wir mal wieder Schmerzen haben und wir gerade kein Mitgefühl erhalten.

„Hast Du schon mal Nierensteine gehabt?... Annähernd so sind meine Schmerzen gerade. Also bitte, ein wenig Mitgefühl wäre doch echt angebracht."

Das trägt auch nicht gerade zu einer friedlichen Stimmung bei? Sie haben Recht. Könnte schwierig werden. Aber irgendetwas müssen wir doch sagen. Wir leiden doch schließlich. Wir können doch nicht alles in uns hineinfressen. Das ist auch nicht gut für die Gesundheit. Oh Mann, das ist echt ein gefährlicher Kreislauf. Egal was wir machen, es ist immer verkehrt. Wir haben es aber auch wirklich nicht leicht. Keiner versteht uns und unseren Schmerz.

Apropos Schmerz. Vor kurzem habe ich mich mit meinem Zahnarzt über das Thema Schmerzen unterhalten. Es ging darum, wer was mit oder ohne Betäubung machen lässt?

Früher war es mir immer lieber, bestimmte Behandlungen ohne Betäubung durchführen zu lassen, damit man nachher nicht immer das halbe Gesicht gelähmt hatte. Heutzutage gibt es ja andere Möglichkeiten, wie zum Beispiel eine Oberflächenbetäubung, die den Schmerz lindert und danach eine ganz normale Mimik wieder zulässt.

Auf der anderen Seite ist das Thema Zahnarzt ja ein sehr heikles Thema. Es gibt genügend Menschen, die panische Angst vor Zahnärzten haben. In jungen Jahren war ich auch nicht gerade ein Freund dieser Dentalhandwerker.

Man hat schlechte Erfahrungen gemacht oder Horrorgeschichten von anderen gehört und schon stand die Entscheidung fest. Ach, zum Zahnarzt gehst du erst, wenn es gar nicht mehr anders geht. Nur dann war es meistens schon zu spät. Da konnte dann nicht mehr viel gerettet werden.

Heute gehe ich lieber alle halbe Jahr dorthin, lasse alles checken und reinigen und freue mich, wenn alles prima ist. Ich freue mich sogar auf den nächsten Besuch. Ist das nicht verrückt? Ja ich. Der, der so gern leidet. Der freut sich auf den Zahnarzt.

Wobei, wenn wir ehrlich sind, stimmt das nicht ganz. Ich freue mich nicht unbedingt auf die Behandlung. Auch nicht auf den Zahnarzt, auch wenn er ein ganz netter und patenter Typ ist. Ich freue mich doch vielmehr darauf, dort herauszugehen mit der Erkenntnis, dass alles in Ordnung ist. Dass ich in dem letzten halben Jahr gute Arbeit geleistet habe. Das ist der wahre Grund zur Freude.

Ich glaube, wir Menschen freuen uns sowieso viel zu wenig!

Sie haben natürlich Recht, wenn Sie sagen, ich kann mich ja nicht über meine Schmerzen freuen. Das stimmt. Das wäre doch schon etwas sadistisch. Wobei, solche Leute gibt es ja auch.

Die gehen extra wohin, damit sie Schmerzen erleben. Na ja, jeder so wie er mag.

Aber warum denke ich, dass wir uns generell viel zu wenig freuen? Weil es einfacher ist, sich zu ärgern. Es ist doch immer einfacher zu fluchen, die Schuld dem anderen zu geben, die negativen Dinge zu sehen, als sich die wichtige Frage zu stellen:

„Warum freue ich mich?"

Wer von Ihnen startet denn ganz bewusst in den Tag und stellt sich morgens als aller erstes die Frage *„Warum freue ich mich?"* Wer macht das? Leider die wenigsten. Wir merken das auch bei unseren Trainings immer wieder.

Okay, ich drifte jetzt ein bisschen ab von unserem eigentlichen Thema *„Männer – Warum Schnupfen nicht gleich Schnupfen ist?"* Aber irgendwie gibt es da vielleicht einen Zusammenhang. Für uns Männer, aber auch für uns Menschen generell. Lassen Sie uns deshalb kurz über dieses Thema sprechen.

Bei unseren Trainings gibt es für jeden Teilnehmer, am ersten Tag eine ganz bestimmte Aufgabe: Jeder erhält einen DIN A4 Zettel mit vielen leeren Zeilen. Ober drüber die Überschrift: Warum freue ich mich? Dann bitten wir die Teilnehmer, drei Gründe zu notieren, warum sie sich jetzt, hier und heute freuen.

Nichts, was in der Zukunft liegt, sondern hier und jetzt.

Was denken Sie, liebe Leser, wie einfach oder schwer fällt das den Teilnehmern?

Es gibt meistens ein paar wenige Menschen, die schreiben sofort drauflos. Denen fallen ohne Probleme mehrere Gründe ein, warum sie sich freuen. Dann gibt es aber auch die anderen. Die Menschen, die dort vor dem leeren Blatt Papier sitzen und nicht schreiben. Die starren auf diesen Zettel und denken sich wahrscheinlich gerade: *Was will der Kerl eigentlich von mir?*

Und was mache ich in dieser Situation?

Ich schaue die angesprochenen Teilnehmer an und sage zu ihnen:

„Am einfachsten geht diese Übung, wenn Sie ganz fest die Zähne zusammenbeißen, die Hände zu Fäusten ballen und sich fragen: Verdammt nochmal, warum freue ich mich denn eigentlich?"

Letztens hat mich einer recht zerknirscht angeschaut und daraufhin gesagt:

„Schreiben Sie doch oben drüber: Was ärgert mich? Oder: Was stört mich? Dann schreibe ich Ihnen das ganze Blatt voll."

Wie habe ich reagiert?

„So sehen Sie auch aus."

Nein, das habe ich natürlich nicht gesagt. Vielleicht habe ich es gedacht, aber so etwas würde ich niemals sagen.

Aber genau dort liegt doch der Kern der Sache. Wie sieht denn unser Alltag aus? Wir werden morgens durch den Radiowecker geweckt, was hören wir in den Nachrichten? Schlechte Nachrichten, Mord und Todschlag! Wir werfen einen Blick in die Zeitung oder ins Internet, was lesen wir? Schlechte Nachrichten, Mord und Todschlag! Wir gehen ins Bad gucken in den Spiegel, was sehen wir? Mord und Todschlag! So ganz nach dem Motto: Ich kenne Dich nicht, aber ich wasche Dich trotzdem!

Dann kommt noch die Frau, die Familie, die Kollegen, die Kunden oder wer auch immer auf uns zu und sprechen mit uns über irgendetwas was nicht so gut gelaufen ist, erwarten von uns aber gleichzeitig, dass wir hochmotiviert in den Tag starten. Und zwar so motiviert, dass wir einen positiven Einfluss auf die Kinder haben, die Kollegen mitreißen, usw, usw.

Und genau deshalb stellt sich mir die Frage:

Freuen wir uns im Laufe des Tages häufiger oder ist unser Alltag eher geprägt durch Frust, Zorn und Ärger? Beantworten Sie es mal jeder für sich.

Sie können übrigens ganz einfach einen Test machen. Nehmen Sie ein leeres Blatt zur Hand und schreiben als Überschrift drauf:

WARUM FREUE ICH MICH?

Wenn es Ihnen gelingt, ohne große Schwierigkeiten drei Gründe dort zu notieren, warum sich jetzt gerade, also aktuell in diesem Moment freuen, dann herzlichen Glückwunsch. Wenn nicht, na dann wissen Sie, woran Sie noch arbeiten können.

LEIDENSGENOSSEN

An dieser Stelle wieder zurück zu unserem eigentlichen Thema. Männer und deren Wehwehchen. Und da haben wir ja eben einstimmig gesagt, dass wir uns nicht über unsere Schmerzen freuen können. Das stimmt. Auf der anderen Seite stellt sich mir die Frage: Geht eine Erkältung eigentlich wieder weg? Lassen Halsschmerzen, Schnupfen und Husten irgendwann wieder nach? Na klar. Und warum können wir uns nicht schon mal darauf freuen?

Ja, Sie haben ja Recht. Das entspricht dann zwar nicht mehr der Frage: Warum freue ich mich? Sondern eher der Frage: Worauf freue ich mich? Das nennt man in diesem Fall, sich manipulieren um sich zu motivieren.

Was brauchen wir allerdings dazu? Unser Bewusstsein. Wenn wir nur aus dem Unterbewusstsein, also aus dem Bauch heraus, mit unserer Erkältung interagieren, dann wird das nicht funktionieren. Erst, wenn wir unser Bewusstsein einschalten und uns, wie es das Wort ja schon sagt, bestimmte Dinge bewusstmachen, dann können und werden wir auch ganz anders damit umgehen.

Denn sind wir doch mal ehrlich. Was ist schon so eine läppische Erkältung? Nichts.

Im Vergleich zu wirklich gravierenden Krankheiten, die wir Menschen leider haben oder bekommen können. Es ist doch ein Witz, dass wir uns darüber überhaupt unterhalten. Nur in dem Moment, wenn uns diese fiese, gemeine Erkältung erwischt, dann haben wir das alles vergessen oder wir verdrängen es ganz einfach. In dem Moment gibt es nichts Schlimmeres. Ist natürlich absoluter Quatsch. Aber so ist es leider. Also bei vielen. Nicht bei allen. Aber bei den meisten.

Jedes Jahr im Frühjahr fängt übrigens meine ganz spezielle Leidenszeit wieder an. Ihre auch? Sie wissen direkt was ich meine?

Heuschnupfen! Allergie! Neben „Rücken" wahrscheinlich die Volkskrankheit Nummer zwei.

Seitdem ich denken kann, verfolgt mich diese Krankheit. Ja, es ist eine Krankheit. Menschen, die darunter nicht leiden, können sich das gar nicht vorstellen, wie schlimm das sein kann. Und das ist jetzt nicht ironisch gemeint. Diese Sache geht einem echt auf den Keks. Um es mal freundlich auszudrücken.

Und das betrifft an dieser Stelle natürlich Frauen und Männer. Wobei auch hiermit die Frauen wahrscheinlich wieder anders umgehen, als wir Männer.

Frauen und Männer. Und deren Missverständnisse.

Vielleicht sollten wir, bevor wir uns wieder mit meinem ganz persönlichen Leidensweg auseinandersetzen, uns kurz mit den verschiedensten, ganz speziellen Leidensphasen von Männern und Frauen beschäftigen.

Woran denken Sie dabei?

Genau, unser Lieblingsthema, Einkaufen. Shoppen gehen bis der Arzt kommt. Also nicht wir, sondern unsere lieben Frauen natürlich.

Und ich darf an dieser Stelle glaube ich mal im Namen fast aller Herren sprechen: *„Liebe Damen, wir leiden! Wir leiden, wenn wir in jedem Schuhgeschäft haltmachen müssen. Wir leiden, wenn wir ins 20. Klamottengeschäft einkehren. Und wir leiden, wenn wir unbedingt noch die neueste Kollektion von Handtaschen begutachten müssen. Wir leiden!"*

Haben Sie sich schon mal einen Spaß daraus gemacht, an einem Samstag durch die Stadt zu gehen und die Menschen genauer zu beobachten?

Da laufen sie wieder. Die Paare. Die Frau hat einen ganz gezielten Plan. Sie weiß ganz genau, wo sie was gucken will. Sie hat einen eingebauten Radar für das Thema Shoppen.

Wir Männer dackeln hinterher, tragen die Tüten, nicken und lächeln freundlich, wenn unsere Liebste das fünfte Paar Schuhe anprobiert und uns fragt:

„Sind die nicht schön? Die stehen mir doch super, oder? Die muss ich unbedingt haben!"

Wir sitzen da und nicken. Wir lächeln und bestätigen. *Toll sehen die Schuhe aus. Prima.* Wir denken uns nur: *Sehen die nicht genauso aus, wie die anderen drei Paare zuvor?* Egal. Wir lächeln. Innerlich leiden wir. Was könnten wir doch schönes mit diesem Tag anfangen? Aber nein, wir gehen in die völlig überfüllten Geschäfte. Wir quälen uns durch die Massen in der City. Wir treffen kurz mal auf Gleichgesinnte. Wir sehen für eine kurze Sekunde in die Augen eines Leidensgenossen. Innerhalb dieser Millisekunde spüren wir es. Dieses Mitleid. Dieser Frust. Dieses Leiden!

Am liebsten würden wir uns von unseren Frauen losreißen, in die nächste Kneipe stürmen und unser Leid erst mal mit ein paar Bieren runterspülen. Ein kurzes Flackern erscheint in den Augen, doch im selben Moment zerrt die Frau schon wieder an unserem Arm, weil sie in das nächste Geschäft abbiegen will, und wir werden aus unseren Träumen gerissen.

Das war es dann wohl mit dem kühlen Bier. Die nächsten Stunden gehören der Frau. Lächeln, Nicken und im Stillen Leiden!

Auch hier gilt übrigens ähnliches, wie vorhin. Wenn Ihre Frau Sie fragt:

„Und? Steht mir das Kleid? Passt mir diese Hose?" Oder was auch immer sie Sie fragt. Bitte möglichst kurz und knapp darauf antworten.

Wenn es geschlossene Fragen sind, auf die wir mit ja oder nein antworten können, dann sollten wir das auch tun.

„Steht mir dieses Kleid?" ... *„Ja."*

„Passt mir diese Hose?" ... *„Ja."*

Wenn es offene Fragen sind, wie zum Beispiel:

„Wie gefällt Dir diese Jacke?" Oder: *„Wie stehen mir diese Schuhe?"*

Dann bitte so knapp wie möglich antworten.

„Toll. Gut. Sieht prima aus." Usw...

Wenn Sie allerdings noch mehr leiden wollen, als Sie es eh schon tun, dann können Sie natürlich auch sagen, was Sie wirklich denken:

„Nein, die Jacke passt nicht. Die ist viel zu eng."

„Nein, in der Hose siehst Du dick aus."

„Nein, die Schuhe stehen Dir nicht, die sind zu fein."

Wenn Sie sich den Tag so richtig vermiesen wollen, dann bitte. Denn dann fängt unsere Leidenszeit erst richtig an. Wenn wir aber die erste Variante wählen, dann ist der Tag vielleicht noch zu retten.

Nachmittags ist Bundesliga. Ihr Lieblingsverein spielt. Sie freuen sich. Abends Sportschau oder vielleicht sogar gleich noch live beim Pay-TV gucken. Je nachdem wie schnell die Frau ihre Klamottenjagd beenden wird.

Allerdings müssen wir uns über eines im Klaren sein. Das heißt nicht, dass unsere Leidenszeit dann beendet ist. Auch das ist wieder so ein Phänomen, welches Frauen nicht verstehen können.

Thema Fußball. Ähnlich wie beim Thema Auto. Wir sprachen drüber. Aber beim Fußball ist es noch etwas anderes. Wieso? Weil viele Männer sich mit ihrem Lieblingsverein identifizieren.

Was heißt das also im Klartext? Wenn der Verein gewinnt, dann geht es uns gut. Wenn der Verein verliert, dann geht es uns schlecht. Um es mal ganz einfach und simpel auszudrücken.

Leider ist das nicht so einfach und simpel, wie es auf den ersten Blick scheint. Wieso nicht? Weil es beim Thema Fußball nicht nur um das Ergebnis geht, sondern auch um den Weg dorthin.

Denn in diesen neunzig Minuten wird die Leidensfähigkeit des eingefleischten Fans schon extrem auf die Probe gestellt.

Im Grunde genommen eine ähnliche Situation wie vorhin beim Einkaufen. Dort sitzt der Mann daneben, beobachtet seine Frau und schüttelt innerlich den Kopf. Beim Fußball ist es bildlich gesprochen das gleiche. Die Frau steht daneben, sieht wie der Mann mitfiebert, sich aufregt und den Fernseher anschreit, und schüttelt den Kopf und denkt sich ihren Teil.

Ganz genau liebe Frauen, wir leiden, wenn mal wieder Abseits gepfiffen wurde, obwohl es gar keines war. Okay, vielleicht leidet die Frau in dem Moment auch. Also über etwas anderes natürlich. Aber sie spricht nicht darüber. Wir, wenn unser Verein schlecht spielt oder sogar verliert, wir reden darüber. Wir lassen unserem Frust freien Lauf. Wir leiden schließlich.

Und wenn wir dann noch an den Kühlschrank gehen und es ist kein kaltes Bier mehr vorhanden, na dann ist alles vorbei.

Zu klischeehaft? Mag sein. Nur leider sehr häufig die Wahrheit und nichts als die Wahrheit.

Wobei so alle paar Jahre auch unsere Frauen zu so genannten Fußballfans werden.

Wann? Bei Europa- oder Weltmeisterschaften.

Kennen Sie das auch? Auf einmal interessieren sich auch so einige Frauen für das Thema Fußball. Gut, das geht dann zwar leider oftmals in die falsche Richtung:

„Der Gomez, der hat aber eine schicke Frisur."

„Oh, der Hummels, der ist aber ein Netter."

Kennen Sie solche Äußerungen Ihrer Frauen auch? Leiden wir dann nicht schon wieder? Ist doch scheißegal, wie der Typ aussieht oder was der für eine Frisur hat, der soll Tore schießen oder die Abwehr zusammenhalten.

Und wenn dann noch ein gemeinsames Gucken mit Freunden und deren Frauen angesagt ist, dann wird es schnell gefährlich. Dann werden während des Spiels gern mal Fragen gestellt wie:

„Was ist nochmal Abseits?"

„Wieso spielen die immer wieder zum Torwart zurück?

„Warum schießen die nicht mehr Tore?"

Oder mitten im Spiel: *„Wer sind nochmal die in den blauen Trikots?"*

Ahhhhhhhhhhhhhhhhhhhh. Wir leiden!!! Wir wollen doch nur in Ruhe das Spiel sehen.

Jetzt geht uns nicht nur der dämliche Reporter auf den Keks, sondern die Frauen nerven auch noch. Na prima. Aber wie reagieren wir? Höflich und freundlich versuchen wir, mit wenigen knappen Worten, die Fragen zu beantworten, damit wir uns weiter auf das Spiel konzentrieren können. Aber innerlich leiden wir schon extrem.

Apropos Reporter. Geht Ihnen das auch so, dass Sie manchmal das Gefühl haben, Sie hören Radio? Es gibt Fußballreporter, die quatschen neunzig Minuten ohne Unterbrechung. Und was für einen Mist. Unfassbar. Über irgendwelche Statistiken, wer wann wo und gegen wen. Das interessiert doch keinen Menschen. Halt doch einfach mal... Sie wissen schon. Wir leiden!

Ich überlege gerade, wann wir eigentlich mehr leiden? Wenn wir eine Erkältung haben oder, wenn wir Fußball schauen? Können Sie ja jeder für sich beantworten.

Eine Erkältung ist nach einer Woche wieder weg. Und wenn wir Glück haben, taucht die auch so schnell nicht wieder auf. Aber die Mannschaft oder der Fußballreporter, die werden uns nächste Woche schon wieder begegnen. Na super, dann geht der ganze Kram wieder von vorne los.

Aber zurück zur Volkskrankheit Nr. 2, Heuschnupfen. Im Endeffekt geht das ganz ähnlich von statten, wie bei der Erkältung. Die Symptome sind anfangs fast identisch. Niesen, Schnupfen, eine laufende Nase. Aber dann kommt noch so einiges anderes dazu. Die Augen jucken wie verrückt. Der Mund fängt an zu kribbeln, der Husten kommt auch noch dazu, wenn der Etagenwechsel stattfindet.

Also kurz zusammengefasst: Wir leiden!

Und wer versteht es mal wieder nicht? Meine Frau. Sie kann das einfach nicht nachvollziehen. Obwohl wir seit 22 Jahren verheiratet und seit fast 27 Jahren zusammen sind, sie kann es nicht nachvollziehen.

Jedes Jahr um etwa die gleiche Zeit geht es wieder los. Zum Ende des Winters, wenn der Frühling kommt und die ersten Sträucher oder Bäume anfangen zu blühen, dann geht im wahrsten Sinne des Wortes die Post ab. Wie der Briefträger die Post vorbeibringt, bringt der Wind die Pollen vorbei. Und diejenigen, die auch gegen Frühblüher allergisch sind, wissen wovon ich spreche. Wir leiden!

Meine Frau sagt zwar nicht direkt etwas zu mir, aber ich sehe es ihren Blicken an. Diese Blicke, die sagen: *„Jetzt stell Dich mal nichts so an. Das bisschen Niesen und Schnupfen. Sei doch nicht so ein Weichei."*

Sie kennen das? Na dann wissen Sie doch ganz genau wovon ich rede. Allerdings stellt sich mir immer wieder die Frage, ob ich der Einzige bin, der auf diese Art und Weise leidet? Ich kenne viele Menschen die Heuschnupfen haben. Oder lassen Sie uns besser sagen, die eine Pollenallergie haben. Heuschnupfen hört sich irgendwie so niedlich an. Ist es aber ganz und gar nicht. Da muss ich gerade wieder daran denken, wie ich meinem Patenkind das mit dem Heuschnupfen erklären wollte.

„Ja ja, ich weiß, Männerschnupfen." Einfach nur der Knaller. Ich musste es einfach nochmal erwähnen. Es war aber auch zu lustig.

Also zurück zum Ernst der Lage. Viele Menschen leiden an einer Pollenallergie. Aber die meisten, die ich kenne, kommen damit trotzdem einigermaßen zurecht. Die nehmen hier und da mal ein Nasenspray, aber sonst auch nichts. Was mache ich? Ich nehme von März bis Juli jeden Tag Tabletten. Und nicht einmal die helfen optimal. Gerade zu Beginn der Blütezeit gehe ich meistens trotzdem am Stock. Da helfen wiederrum nur härtere Mittel, wie zum Beispiel Nasenspray mit Cortison oder Cortison Tabletten.

Warum ich Ihnen das alles so haarklein schildere? Damit Sie mich wenigsten ein bisschen verstehen. Wenn es meine Frau schon nicht macht, dann doch bitte Sie.

Wissen Sie, ich leide nämlich! Ach was, so ein Ding aber auch? Na klar leide ich. Und ich werde auch nicht müde, es Ihnen mitzuteilen. Und meiner Frau natürlich auch. Auch wenn es sie nicht interessiert.

Apropos müde. Durch diese ganzen Mittel wird man übrigens echt müde. Ärzte raten auch davon ab, mit dem Auto zu fahren, wenn man unter Medikamenteneinfluss steht. Klingt ja auch logisch. Wie soll ich aber ohne Medikamente Autofahren?

Wie soll ich mich auf den Verkehr konzentrieren, wenn ich achtunddreißigmal hintereinander Niesen muss? Wie soll das gehen?

Und wenn wir gerade beim Thema Autofahren sind. Leiden wir dort nicht sowieso schon? Nicht wegen unserer Frau, wobei wenn ich so recht überlege...

Nein, eigentlich leidet sie mehr unter mir. Also wenn ich fahre zumindest. Und ehrlicherweise auch dann, wenn ich Beifahrer bin. Ich bin ein wirklich schlechter Beifahrer. Aber das wollen wir jetzt nicht weiter vertiefen. Wir reden ja schließlich über unsere Leidenszeiten. Wir sind jetzt mal wieder egoistisch. Warum auch nicht? Wenn sonst schon niemand an uns denkt, dann sollten wir es doch wenigstens machen.

Also, worauf wollte ich hinaus?

Wie geht es Ihnen denn so im Straßenverkehr? Wenn Sie mal an die unterschiedlichsten Situationen denken, wie zum Beispiel an den klassischen Stadtverkehr. Am liebsten noch morgens und abends zur Rushhour. Oder an Fahrten auf der Autobahn. Was kommt Ihnen da so spontan in den Sinn?

Frust? Ärger? Wut? Rage? Zorn?

Mit anderen Worten, wir leiden! Na da haben wir es doch endlich wieder. Wurde ja auch mal wieder Zeit.

Bleiben wir doch mal ganz sachlich in Bezug auf das Thema Straßenverkehr. Aus diesem sachlichen Blick betrachtet sind doch nur Vollidioten unterwegs, oder?

Die blinken nicht, wenn sie die Fahrtstreifen wechseln. Die fahren einfach rüber. Am besten ohne zu gucken. Wenn man sie dann anhupt, bekommt man nur den Mittelfinger zu sehen. Die parken in zweiter Reihe oder parken so, dass nur ein PKW in die Parklücke passt, obwohl gut und gerne zwei Wagen dort Platz finden würden. Die fahren mitten auf die Kreuzung, obwohl ihnen klar ist, dass sie nicht mehr weiterkommen, weil dort Stau ist. Aber egal, einfach auf die Kreuzung fahren. Nach mir die Sintflut.

Muss ich eigentlich noch weitermachen?

Diese ganzen Egoisten, schlimm.

Da könnte ich mich schon gerade wieder in Rage schreiben. Ich leide schon wenn ich daran denke. Sie auch? Obwohl wir nicht hinter dem Steuer sitzen, können wir uns diese ganzen haarsträubenden Situationen wunderbar bildlich vorstellen und was passiert? Wir leiden!

Wie bitte? Sie leiden auch, wenn Sie sehen, wie Ihre Frau versucht einzuparken? Kommen Sie, wir wollten doch nicht über das andere Geschlecht sprechen. Das ist eine andere Baustelle.

Nur eines dazu ganz kurz.

Meine Frau leidet natürlich überhaupt nicht so wie ich, wenn sie selbst Auto fährt. Womöglich liegt es daran, dass sie einen anderen Fahrstil hat oder, dass sie einfach viel gelassener mit diesen ganzen Deppen umgeht. So ist das eben. Der Unterschied zwischen Männern und Frauen ist vielfältig.

Apropos Männer und Frauen. Da fällt mir gerade noch ein Beispiel ein. Wobei, besser gesagt, Männer, Frauen und deren Kinder. Der Spross der Familie wendet sich an die Mutter, weil er oder sie länger wegbleiben will. Die Mutter sagt NEIN. Das Kind ist ja nicht auf den Kopf gefallen, also geht es abends zum Vater und fragt ihn. Wie reagiert er?

Der sagt, weil er ein schlechtes Gewissen hat, weil er immer viel zu lange im Büro ist, JA.

Schon ist unsere persönliche Leidenszeit vorprogrammiert. Nicht in Bezug auf den Nachwuchs. Nein, in Bezug auf unsere Frau. Wenn die nämlich erfährt, was wir gemacht haben, dann Gnade uns Gott. Das Höllenfeuer ist ein Spielplatz dagegen.

Aber letztendlich ist es doch ganz egal durch wen wir leiden, oder? Wenn die Frau nicht sauer auf uns ist, ist es der Nachwuchs oder umgekehrt. Egal wie man es dreht, wir leiden!

Als Kinder haben wir selbst vielleicht auch unter unseren Eltern gelitten. Da kam dann immer solche Aussage:

„Später wirst Du mir noch dankbar sein!"

Diesen Satz habe ich als Kind nie wirklich verstanden. Ging Ihnen das auch so? Heute bin ich dankbar. Zumindest größtenteils.

Viele Väter sagen, sie wollen heute nicht die Fehler ihrer Väter machen. Deshalb wird heutzutage oft antiautoritär erzogen. Es wird den Kindern bewusst die „lange Leine" gelassen. So ganz nach dem Motto:

„Kind, möchtest Du nicht den Spinat noch aufessen?"

Was wird das Kind auf diese bescheuerte Frage jetzt sagen? *„Ja gern!"* So ein Quatsch, natürlich nicht. Das Kind verzieht das Gesicht, schüttelt den Kopf und die Antwort ist klar.

Oder solche Frage wie zum Beispiel:

„Magst Du nicht noch etwas Wasser trinken?" *„Nein!"* Wenn überhaupt will das Kind Saft, Cola oder sonst was trinken. Allein in dieser Frage stecken doch schon zwei völlig falsche Wörter: *„Magst"* und *„nicht"*. Nein, das Kind <u>mag nicht</u>!

Warum sagen wir nicht einfach was wir wollen?

„Iss Deinen Spinat auf." *Trink das Wasser!"* Was ist daran so schwer oder so schlimm?

Früher hieß es doch auch so schön: *„Es wird gegessen was auf den Tisch kommt. Vorher wird nicht gespielt."*

Heute schickt der Nachwuchs lieber eine SMS mit irgendeinem Emoji. Geredet wird sowieso immer weniger. Und wer leidet darunter? Wir! Wir hinterfragen unsere Erziehungsmethoden. Wäre es doch besser, strenger zu sein? Sollten wir doch öfter zeigen, wer das Sagen hat? Müssen gerade die Väter mehr Strenge an den Tag legen?

Die Mütter haben oftmals die Möglichkeit, sich mit ihren Kita-Müttern über diverse Erziehungsmethoden auszutauschen. Aber was machen die Männer? Die leiden still und leise vor sich hin und sind froh, wenn sie am nächsten Morgen wieder zur Arbeit fahren dürfen.

So ist das im Leben. Jeder geht anders mit seinen Leidensphasen um. Wobei mir die ganze Zeit irgendetwas zum Thema Mann/Frau im Kopf herumgeistert. Und jetzt weiß ich auch wieder was es war. Dazu muss ich noch einmal kurz in meine Krankenakte hineinschauen. Was war passiert?

Vor einigen Monaten war es mal wieder so weit. Rücken! Ich hatte Rücken. Erst wenig, dann mehr und auf einmal sehr viel mehr. Volkskrankheit Nummer 1. Wir sprachen drüber. Okay, grundsätzlich war das erst mal für mich nichts Neues. Ich habe immer mal wieder Rücken. Bei einer Körpergröße von 1,97 Meter auch nicht verwunderlich. Aber dieses Mal war es wieder etwas Besonderes. Im negativen Sinne allerdings.

Im Endeffekt waren es an diesem besagten sehr sehr schmerzhaften Tag ähnlich, wie bei meinem Nierensteinvorkommen. Um präziser zu sein, es war genauso.

Der gleiche Verlauf der Schmerzen, bis hin zur völligen Bewegungslosigkeit. Vor Schmerzen gekrümmt auf dem Boden liegend, blieb nur noch eine Möglichkeit. Den Notarzt rufen.

Wie meine Frau reagiert hat?

Warum wollen Sie das wissen? Weil ich mal wieder gelitten habe wie ein angeschossenes Tier? Ich sage es Ihnen gern. Sie hat tatsächlich mitgelitten. Sie kannte die Symptome ja noch zu gut. So lange waren die Schmerzen des Nierensteins ja noch nicht her. Also hatte ich ihr vollstes Mitgefühl. Auch mal eine neue Erfahrung.

Kurz gesagt. Notarzt gerufen. Krankenwagen war auch dabei. Infusion bekommen. Schmerzen ließen langsam nach. Meine Aufforderung an den Fahrer:

„Fahren Sie mich bitte in die Spezialklinik XY, ich habe wieder einen Nierenstein."

Gesagt, getan. Hallo Spezialklinik. Das Problem an der ganzen Sache war nur, ich hatte laut deren Diagnose gar keinen Nierenstein. Und jetzt? Die „Drogen" ließen langsam nach, der Schmerz wurde immer schlimmer. Ich litt!

Aufgrund der Empfehlung der Ärzte brachte man mich in eine andere Klinik zur weiteren Untersuchung.

Dort stellte sich dann heraus, dass ich einen Bandscheibenvorfall im unteren Lendenwirbelbereich hatte. Na prima. Öfter mal was Neues.

In diesem Krankenhaus versuchte man mit gezielten Spritzen den Vorfall zu bearbeiten. Ich nenne es bewusst bearbeiten, weil es nur wenig bis gar keinen Erfolg brachte.

Was waren die nächsten Schritte? Ab zum Orthopäden. Eine Woche lang jeden Tag Spritzen mit dem Resultat, dass es ganz langsam besser wurde. Ach so, zwischendurch natürlich noch CT und MRT. Was auch sonst. Ich freue mich.

Nach einer ganzen Weile der Regeneration schickte der Orthopäde mich zur Physiotherapie. Eigentlich hatte ich gar keine Lust dazu. Warum auch? Mir ging es doch schon wieder wesentlich besser. Aber aus irgendeinem Grund bin ich dann doch hingegangen. Und ich habe es im Nachhinein nicht bereut. Gut, in den ersten Sitzungen habe ich es schon verflucht. Und auch meine Physio-Dame. Die erst recht. Warum?

Eigentlich dachte ich immer, ich wäre ganz fit. Fitnessstudio, Golfen, Radfahren. Aber diese Übungen, die ich dort machen musste, waren echt anstrengend. Ich durfte endlich mal wieder leiden. Aber so richtig leiden.

Wie das mit so vielen Dingen im Leben ist, erst leidet man, hinterher ist man froh, dass man es gemacht hat. Ich habe mich tatsächlich gefreut. Wieso? Weil ich gemerkt habe, dass mir die Übungen gutgetan haben. Und ich hatte die Möglichkeit, diese Übungen auch zuhause oder im Fitnessstudio weiter anzuwenden.

Und eines war besonders wichtig. Eine Aussage meiner Physiotherapeutin. Sie hat nämlich etwas ganz wichtiges und auch Nachvollziehbares gesagt:

„Viele Menschen gehen nach einem Bandscheiben-vorfall nicht zur Physio. Der Schmerz ist weg. Also warum soll ich dahin?" Sie erinnern sich, das war auch meine erste Intention.

Sie erklärte mir weiter: *„Wenn der Vorfall nicht durch gezielte Übungen und Massagen „bearbeitet" wird, dann ist die Gefahr, dass genau dieser Vorfall sich wiederholt oder sogar noch schlimmer ausfällt, sehr groß."*

„Wenn man allerdings gezielt diesen Vorfall, diese Stelle, die Muskulatur, usw. bearbeitet, dann wird dort so schnell nichts wieder passieren."

Klingt doch logisch, oder? Und dementsprechend habe ich mit Freude alle zehn Sitzungen absolviert.

Allerdings fällt mir gerade ein, dass ich in bestimmten Fällen mal wieder so richtig leiden durfte. Weshalb? Meine Physio wollte, dass ich eine weitere neue Übung ausprobiere. Kurz gesagt, Seitarmstütze, Körper gestreckt und halten. Leichter gesagt, als getan. Ich langes „Gedrisse", 95 Kilo. Sie 1,65 Meter und vielleicht 50 Kilo. Bei ihr sah das so einfach und simpel aus. Bei mir alles andere.

Gerade mal 10 Sekunden habe ich diese Position halten können. Dann bin ich förmlich zusammengebrochen.

Ich habe wirklich gelitten. Nicht nur unter ihr und der Übung, nein auch weil mich das tierisch genervt hat, dass ich nicht in der Lage war, diese einfache und simple Übung über einen längeren Zeitraum durchzuhalten. Und das Schlimmste kam dann noch. Als sie dann sagte:

„Okay, dann machen wir erst mal die Frauenvariante."

Wow, das hatte gesessen. Jetzt war ich endgültig hinüber. Ob diese Variante dann einfacher war? Ja, ein wenig. Aber für mich war im Nachhinein etwas Anderes wichtig. Das konnte ich so nicht auf mir sitzen lassen. Ich hatte drei Tage Zeit bis zur nächsten Sitzung. Also habe ich mir vorgenommen, diese Übung jeden Tag zu machen.

Und zu versuchen, mich jeden Tag zu steigern. Und welch Wunder, es hat funktioniert.

Drei Tage später ging ich mit stolz geschwellter Brust zur Physio, war also top vorbereitet und bereit ihr meine Erfolge zu präsentieren und sie sagte nur:

„So, heute machen wir mal wieder was ganz anderes. "

Na wunderbar. Jetzt stand ich da und wusste, gleich wirst Du wieder leiden.

Was können wir aus dieser ganzen Sache mitnehmen? Es ist nie zu spät, etwas dazuzulernen. Man kann noch so alt, noch so erfahren oder noch so schlau sein, man kann immer noch etwas lernen. Sei es über sich, sein Verhalten, seine Möglichkeiten. Oder irgendwelche Übungen und entwicklungstechnischen Dinge. Es ist niemals zu spät.

Und übrigens. Auch wenn ich dort viel gelitten habe. Ich würde meine Physiotherapeutin auf jeden Fall weiterempfehlen. Fachlich und menschlich einfach klasse. Also, falls Sie in meiner Stadt wohnen, ich leite Sie gerne weiter.

LEIDEN KOSTET KRAFT

Wo wir gerade beim Lernen, also im entferntesten Sinne, sich weiterbilden sind, würde ich gern mit Ihnen über die Leiden eines Trainers sprechen. Wenn ich schreibe, eines Trainers, dann meine ich natürlich mich damit. Mich, den Verhaltenstrainer.

Warum ich jetzt schon wieder von mir rede? Weil das eigene Leben die besten Geschichten schreibt. Geht Ihnen das nicht genauso? Wenn man mal darüber nachdenkt, was man so alles schon erlebt hat und welche kuriosen Situationen dort aufgetreten sind, dann kommt einem doch schon mal der Satz über die Lippen:

„Da müsste man mal ein Buch drüber schreiben."

Allerdings steckt in diesem Satz schon ein entscheidender Fehler. Nämlich das Wort „man". Korrekterweise müsste der Satz lauten: „Da müsste ich ICH mal ein Buch drüber schreiben."

Wie bitte? Sie können sich nicht einfach hinsetzen und ein Buch schreiben? Warum nicht? Haben Sie es schon mal ausprobiert?

Na sehen Sie. Also, einfach machen. Mal sehen, was dabei herumkommt.

Natürlich gibt es im Zeitalter der Selfpublisher, also der Selbstverleger, jede Menge so genannte Autoren. Viele dieser Bücher sind, sagen wir mal, sehr speziell. Aber das ist ja immer eine rein subjektive Meinung. Vielleicht sagen das Leser auch über meine Bücher. Dann hätte ich endlich mal wieder einen Grund zu Leiden.

Aber worauf will ich hinaus? Mir ging es jahrelang doch genauso. Mein damaliges Lieblingsthema: Straßenverkehr. Autofahrer. Sie erinnern sich. Da haben wir schon so einiges drüber erfahren.

Was war konkret passiert? Ich war durch meine berufliche Situation seit jungen Jahren immer viel im Straßenverkehr unterwegs. Und von Jahr zu Jahr wurde es gefühlt schlimmer.

Natürlich nicht mit mir, sondern mit den anderen Gestalten, die sich sonst noch so auf den Straßen rumtrieben. Autofahrer, Lkw-Fahrer, Busfahrer, Radfahrer, Fußgänger. Im Grunde genommen jeder.

Immer wieder habe ich Situationen erlebt, bei denen ich dachte, das kann doch wohl nicht wahr sein. Das gibt es doch jetzt nicht. Und immer wieder habe ich gesagt, da müsste mal einer ein Buch drüber schreiben. Bis ich auf einmal das Gefühl hatte, dieser irgendjemand, das bin ich. Und so entstand mein erstes Buch mit dem schönen Titel:

„DER AUTOFAHRER! VERHALTENSTRAI-NING AM LEBENDEN OBJEKT!

Jetzt mache ich doch tatsächlich schon wieder Eigenwerbung. Das geht doch echt nicht. Egoist!

Ach, zu diesem Thema gibt es übrigens auch ein hervorragendes Buch:

„DER MENSCH – DER EGOIST!

Verdammt nochmal, jetzt ist es aber gut mit dieser Selbstbeweihräucherung. Schluss jetzt mit dieser unverfrorenen Eigenwerbung. Eigentlich wollte ich doch etwas ganz anderes mit Ihnen besprechen.

Warum muss ich als Trainer so häufig leiden? Wenn wir uns die Situation bildlich einmal vorstellen: Dort sitzen am ersten Tag zehn Personen, die mich vorher noch nie gesehen haben. Die haben zwar eine Einladung mit entsprechender Inhaltsangabe bekommen, mehr aber auch nicht. Die wissen nicht, was konkret auf sie zukommt und wie der Kerl da vorn mit ihnen umgehen wird.

Waren Sie auch schon mal in dieser Situation? Haben Sie auch schon mal an solchen Trainings teilgenommen? Dann wissen Sie genau, was ich meine.

Viele dieser Teilnehmer sitzen dort mit dem Gefühl:

„Ach schon wieder so ein Typ, der uns erzählen will wie man es richtig macht! Was soll ich hier?"

Kennen Sie das?

Warum ich darunter leide? Ich werde doch schließlich dafür bezahlt? Darunter leide ich nicht. Das ist alles ganz normal. Diese Gefühlslage der Teilnehmer ist nachvollziehbar. Warum? Wenn wir mal überlegen, an wie vielen sinnlosen Trainings Mitarbeiter jeder Art schon teilgenommen haben, da braucht man sich über diese Einstellung nicht zu wundern.

Zu hart? Nein. Die Realität. Okay, sinnlos ist womöglich nicht der richtige Ausdruck. Dann lassen Sie es uns so formulieren: Völlig langatmige und nutzlose Seminare. Ich spreche bewusst nicht mehr von Trainings. Denn diese Veranstaltungen haben den Begriff „Training" in keinster Weise verdient. Das sind reine Zuhör- und Langweilseminare. In denen irgendein ein Möchtegern-Trainer den ganzen Tag vorne steht und irgendetwas erzählt oder über PowerPoint präsentiert. Das war es.

Wenn ich gerade so im Detail darüber nachdenke, was mir Trainingsteilnehmer schon alles geschildert haben, dann leide ich. Zum einen leide ich mit den Teilnehmern und zum anderen leide ich selber, weil diese so genannten Trainer mir das Leben schwer machen.

Ich muss nämlich an den ersten Tagen immer ganz gezielt Aufbauarbeit leisten. Den Teilnehmern müssen ganz bewusst die Zweifel und Ängste genommen werden. Nur so kann ich eine Basis schaffen, aus der heraus die Teilnehmer bereit sind an sich zu arbeiten. Und dieses an sich arbeiten beinhaltet auch manchmal, dass sie leiden müssen.

Die müssen bildlich gesprochen auch mal vor die Wand laufen. Sie müssen merken, was sie gut oder weniger gut machen. Sie müssen auch unter der Menge der Aufgaben leiden, die sie in der Praxis anwenden sollen. Nur so haben sie die Möglichkeit sich selbst weiterzuentwickeln. Nur dann geht es.

Worum geht es also? Leiden muss nicht immer nur negativ sein. Natürlich ist es grundsätzlich ein negativer Begriff. Und es tut auch nicht wirklich gut, wenn ein Mensch leidet. Wir müssen nur ganz klar unterscheiden, ob wir von gebrechlichen oder krankheitsbedingten Leiden sprechen oder ob wir von dem bequemen und eigentlich kann und weiß ich doch alles Leiden sprechen?

Geht Ihnen das eigentlich auch so? Je älter wir werden, desto mehr leiden wir? Oder desto wehleidiger werden wir? Ich meine jetzt nicht in Bezug auf die körperlichen Gebrechen. Nein, ich denke dabei an ganz alltägliche Dinge.

Wie zum Beispiel Sport, Getränkekästen schleppen, Auto waschen, Putzen. Wie bitte? Sie putzen nicht? Warum nicht? Das überlassen Sie Ihrer Frau? Das ist doch jetzt aber sehr klischeehaft, oder?

Okay, dann nehmen wir das Thema Gartenarbeit. Die machen Sie doch noch selber – oder überlassen Sie das auch Ihrer Frau? Nein? Na da bin ich ja beruhigt. Und? Wie klappt es so damit? Also nicht mit Ihrer Frau, wobei das auch ein interessantes Thema wäre. Da leidet ja auch der ein oder andere. Nein, nicht das was Sie jetzt wieder denken. Ach, lassen wir dieses Thema lieber. Das kann glaube ich nur nach hinten losgehen.

Was ich meine, ist, wie fit sind Sie?

Wie problemlos können Sie sich bücken, um den Boden umzugraben? Oder, wie leicht oder schwer fällt es Ihnen, die Wasser- oder Bierkästen ins Auto zu hieven? Wie gern gehen Sie noch Ihr Auto selber waschen, oder lassen Sie jetzt auf einmal lieber Waschen?

Und wie sieht es mit Sport aus? Können Sie noch dieselbe Strecke in annähernd der gleichen Zeit laufen, wie vor ein paar Jahren? Wie fit sind Sie beim Fußball, Tennis, Golfen oder bei sonstigen Sportarten?

Sind wir uns einig, dass sich zwangsweise im Laufe der Zeit etwas verändert hat?

Wenn ich nur an die Zeit im Fitnessstudio denke, da leide ich unentwegt. Warum? Na ja, aus vielen Gründen. Ich persönlich leide, weil ich nach meinem Bandscheibenvorfall nicht mehr so trainieren kann, wie ich es vorher gemacht habe. Gleiches trifft auf die Menschen zu, die neue Knie- oder Hüftgelenke bekommen haben. Dann ist Schluss mit lustig. Man kann nicht mehr so wie vorher. Man hört auch selber vielmehr in seinen Körper hinein.

Ich leide aber auch, wenn ich die jungen Typen sehe, wie sie die Gewichte stemmen, als wären die aus Pappe. Wie sie auf dem Laufband oder Stepper Vollgas geben, dass mir vom Zugucken schon der Schweiß auf die Stirn kommt.

Wenn ich gerade so darüber schreibe, bekomme ich das Gefühl, als wäre ich in einer Midlifecrisis. Bin ich aber eigentlich gar nicht. Oder vielleicht doch? Keine Ahnung. Also zumindest habe ich mir kein neues Auto, ein fettes Motorrad oder irgendwelche hippen Klamotten gekauft. Scheint ja dann doch mit mir alles in Ordnung zu sein. Wobei das ja relativ ist. Liegt eben immer im Auge des Betrachters. Wenn Sie meine Frau fragen würden... Nein, lieber nicht.

Apropos Frau. Die Frauen, die jetzt gerade dieses Buch lesen, sagen sich bestimmt:

„Warum schreibt der Kerl nicht mal über unser Leiden? Über das Geschirr, dass einfach so liegen bleibt, über den Müll, der nicht rausgebracht wird, über den nicht vorhandenen Willen, mal den Putzlappen in die Hand zu nehmen, über die Socken, die einfach auf dem Boden liegenbleiben. Warum schreibt der nicht mal darüber?"

Liebe Frauen, Sie haben vollkommen Recht. Da sollte man unbedingt mal ein Buch drüber schreiben. Das Sie dadurch auch Leiden, ist richtig und nachvollziehbar. Und das soll natürlich keineswegs so sein. Allerdings ist das aktuell nicht Kern dieses Buches. Aber ich verspreche Ihnen. Im nächsten Buch widme ich mich auch sehr gern den Damen der Schöpfung. Einverstanden?

Gut, dann lassen Sie uns jetzt erst mal weiter mit den Herren der Schöpfung beschäftigen.

DIE AUSLÖSER?

Vielleicht liegt der Auslöser des „männlichen" Leidens ja bereits in unserer Kindheit. Ich weiß nicht, wie es Ihnen ergangen ist, als Sie klein waren? Aber ich kann mich noch zu gut an ganz bestimmte Situationen erinnern.

„Kind, Du ziehst jetzt diesen Schal an. Draußen ist es kalt!"

Und dieser Schal war nicht einfach nur ein Schal. Nein, er war das Signal für die coolen Kids, diesen Typen ziehen wir jetzt erst mal richtig auf. Oftmals blieb es nicht nur beim Aufziehen, sondern es endete auch gern mal in Raufereien.

Warum? Weil dieser gelbe, hässliche und ekelhafte Schal einfach grausam war. Er sah grausam aus, fühlte sich grausam an und löste die erwähnten Probleme aus. Irgendwann kam mir dann die Idee, diesen Schal nach ein paar Metern einfach in den Tornister zu stopfen. Man lernt ja aus seinen Fehlern. Blöd war nur, wenn meine Mutter dann auf einmal zufällig auf ihrem Weg zur Arbeit an mir vorbeigefahren ist. Dann war klar, was man sich später wieder anhören konnte.

Haben wir solche oder ähnliche Situationen nicht alle schon erlebt?

Sind das nicht Faktoren dafür, dass wir in frühester Kindheit schon leiden mussten? Und dementsprechend auch heute anfälliger sind?

An einem anderen Tag, vielleicht als Strafe für das Weglassen des Schals, kam es aber noch schlimmer. Ich musste zusätzlich noch eine Mütze aufsetzen. Und auch hier wieder die Frage an Sie: Kennen Sie das Problem noch? Haben Sie die Mützen von damals noch vor Augen?

Die waren nicht stylisch oder hip, die waren einfach scheußlich. Die gab es in allen möglichen bescheuerten Farbkombinationen und Ausfertigungen. Am besten noch mit einem fetten Bommel obendrauf. Sie erinnern sich. Sie leiden mit mir. Na vielen Dank.

Jetzt stellen Sie sich das Ganze mal bildlich vor. Kleiner Junge mit hässlichem Schal und noch hässlicherer Mütze, und ich muss dazu sagen, ich hatte nicht wirklich ein Mützengesicht. Also habe ich heute immer noch nicht. Aber schon damals sah das Ganze eher bäh aus. Also nicht mein Gesicht. Aber die Schal-Mützen-Gesicht-Kombination.

Ich leide heute noch, wenn ich nur daran denke.

Da muss man sich doch nicht wundern, wenn der Streit mit anderen Jungs schon vorprogrammiert ist, oder?

Je nachdem wie stark der oder die waren, irgendwer hat danach auf jeden Fall immer gelitten. Und das ging ja in der Schule, während des Unterrichts, dann weiter.

Die Lehrer hatten, zumindest während meiner Schulzeit, immer ein besonderes Auge auf die Jungs. Auf die Rebellen, die Aufmüpfigen. Die Mädchen wurden nie so hart angepackt, wie die Jungs. Also im übertragenen Sinne. Die waren meistens auch lieb und nett.

Wenn wir mal was angestellt hatten, seien es Raufereien auf dem Schulhof, eine freche Antwort dem Lehrer gegenüber oder arglos den Müll in die Ecke geworfen haben, dann hieß es immer sofort: Nachsitzen. Oder den Schulhof aufräumen, wenn alle schon auf dem Nachhauseweg sind. Und dann musste man nachher den Eltern erklären, warum man später aus der Schule kommt.

„Ach, da gab es noch so eine AG. Die wollten unbedingt, dass ich daran teilnehme."

Ja, ne ist klar. Ob meine Eltern das geglaubt haben? Nicht wirklich. Man vergisst als Kind ganz schnell, dass die eigenen Eltern auch mal jung waren. Und dass die diese ganzen Tricks und Ausreden wahrscheinlich erfunden haben. Also, hieß es wieder mal Leiden. Leiden in der Schule, leiden zu Hause.

Aber irgendwann habe ich es diesen Strebern und Petzern heimgezahlt. Mit einem Kumpel haben wir uns während des Unterrichts rausgeschlichen, sind zu den Fahrrädern gegangen und haben aus allen Reifen die Luft rausgelassen.

Dumm nur, dass wir aus unseren Rädern die Luft nicht rausgelassen hatten, so dass ziemlich schnell klar war, wer hinter dieser Aktion steckte. Sie können sich vorstellen was passierte? Richtig, wir mussten leiden. Zum einem durften wir alle Reifen per Hand wieder aufpumpen und zum anderen mussten wir endlich mal wieder Nachsitzen. Zusätzlich gab es noch einen Tadel und ein Gespräch mit den Eltern. Die Strafe folgte also auf dem Fuße.

Aber das war es uns wert. Sie können sich gar nicht vorstellen, welchen Spaß wir hatten, welch ein Grinsen wir auf den Gesichtern hatten, als wir die Luft aus den Reifen ließen. Einfach nur göttlich. Daran zu denken, was das für Konsequenzen hatte, nein keine Spur. Warum auch? Wir waren jung und haben uns über solche Sachen keine Gedanken gemacht. Einer kriminellen Laufbahn stand also nichts mehr im Wege.

So weit ist es dann Gott sei Dank aber doch nicht gekommen. Also zumindest bei mir nicht. Wie es meinem Komplizen ergangen ist, keine Ahnung.

Wobei ich gerade als junger Mensch des Öfteren daran gedacht habe, alles hinzuschmeißen. Woran ich gerade denke? Wir haben ja schon im Ansatz über das Thema Kleidung gesprochen. Schal und Mütze und so. Das war ja nur leider noch nicht alles. Wenn ich sehe, wie top gestylt meine Nichten und Neffen und auch unsere Patenkinder durch die Gegend laufen, der pure Wahnsinn. Der pure Wahnsinn war es auch, was ich in meiner Kindheit tragen musste.

Zusätzlich zu den Mützen und Schals ging das Dilemma ja noch weiter. Ich sage nur Cordhosen. Mussten Sie da auch durch? Hat man Ihnen auch diese tollen, groben Cordhosen aufgezwungen? Und dazu noch so einen glänzenden Nicki-Pullover? War das nicht der reinste Albtraum?

Mir wird heute noch schlecht, wenn ich nur daran denke. An dieser Stelle, liebe Eltern. Ich weiß, Ihr habt es damals nur gut gemeint und vielleicht war es aus Eurer Sicht auch absolut okay, aber wenn man in der Schule oder auf Partys nur schon alleine wegen seiner Kleidung gemobbt wird, macht das echt keinen Spaß. Und zu allem Überfluss kam dann noch ein nicht minder wichtiges Kriterium dazu, ob man zu den coolen Kids gehörte oder eher zu den Loosern.

Der Haarschnitt. Die Frisur.

Mein Gott, was habe ich gelitten. Als kleiner Junge, wenn wir im Urlaub waren, musste ich mir von anderen Kindern immer die Frage anhören:

„Bist Du ein Junge oder ein Mädchen?"

Okay, das mag auch an meinen damals sehr zarten Gesichtszügen gelegen haben. Aber hey, ich bin ein Junge. Auch wenn es meine Frisur vielleicht nicht erahnen lässt. Verdammt, was habe ich gelitten.

Kennen Sie das auch noch? Es war mal wieder so weit, der Friseurbesuch stand an. Man selbst hatte womöglich auch nicht so den richtigen Plan, was der Figaro jetzt mit uns anstellen sollte, aber auf keinen Fall das, was unsere Mutter sich vorstellte. Alles andere, nur das nicht. Aber es kam wie es kommen musste. Wir hatten keine Wahl. Pott auf den Kopf und los ging die Tortur. Beziehungsweise so richtig los ging die Tortur erst danach. Ich litt aber auch schon während des Schneidens, weil ich ganz genau wusste, was mich später in der Schule erwarten würde.

Aber hey liebe Mütter, Ihr habt es ja nur gut gemeint. Auch hier lag es vielleicht an der Zeit. In der heutigen Ära sind hippe Frisuren bei Kindern ganz normal. Da gibt es keinen nullachtfünfzehn Schnitt. Nein, da sehen die Kinder so aus, als würden sie gleich zu einem Modellwettbewerb gehen.

Je älter ich wurde, desto mehr habe ich rebelliert. Ich wollte nicht mehr Leiden. Nicht bei den Frisuren, nicht bei der Kleidung. Ich wollte meinen eigenen Stil durchsetzen. Ich wollte Cowboystiefel!

Es gab da eine Phase meines Lebens, da war ich so circa 15 Jahre alt. Es war die Zeit der Cowboystiefel. So ziemlich jeder hatte sie. Nur ich nicht. Ich wollte sie aber unbedingt haben. Nur wer hat mir mal wieder einen Strich durch die Rechnung gemacht? Meine Eltern. Ist doch klar.

„Nein, Du bekommst keine Cowboystiefel. Wie sieht das denn aus? Auf gar keinen Fall!"

Sie können sich vorstellen, wie meine Gemütslage war. Ich habe gelitten. Ich wollte diese Dinger unbedingt haben. Im Nachhinein bin ich ganz froh, dass ich sie nicht bekommen habe. Warum? Weil diese modische Phase ganz schnell wieder vorbei war und wenn man damals schon Schuhgröße 47 hatte, dann sieht so ein spitzer Stiefel vielleicht auch ganz schön affig aus.

Drei Jahre später habe ich mir dann von meinem eigenen Geld Biker Stiefel gekauft. Auch so eine Modeerscheinung. Aber das war mir egal, die musste ich haben. Schluss Aus Ende. Meine Leidenszeit war vorbei. Zumindest kurzzeitig.

Wir hatten ja die Frage nach dem Auslöser für das Männerleiden gestellt. Möglicherweise hatte das alles aber gar nichts mit den ganzen genannten Dingen zu tun. Vielleicht liegt es an etwas ganz anderem. Am Essen.

Jetzt werden Sie sagen, was hat das denn jetzt mit dem Essen zu tun? Wieso sollen wir Männer dadurch heute eher leiden?

Ich habe da so eine Theorie. Eventuell können Sie diese ja bestätigen. Als wir klein waren, da gab es doch diese schöne Aussage: *„Es wird gegessen was auf den Tisch kommt!"* Okay, die gibt es heutzutage auch noch. Aber heute haben wir ja einen freien Willen. Früher als kleiner Bub, da wollten wir einen freien Willen haben, durften wir aber nicht.

„So lange Du unter meinem Dach wohnst..."

„So lange Du die Füße unter meinem Tisch hast..."

Ich weiß ja nicht, wie es Ihnen ergangen ist. Aber ich wollte als Kind keinen Spinat, Blumenkohl oder Gemüse essen. Ich wollte leckere Sachen essen. Nudeln, Pommes und Würstchen. Nicht diesen ganzen gesunden Kram. Aber die Realität war eben eine andere. Und was hieß das wiedermal für uns?

Richtig. Wir mussten leiden! Endlich mal wieder.

Wenn man das alles mal zusammenzählt... Da kommt so einiges an Leidenszeit zusammen. Und das alleine in jungen Jahren. Das Schlimme daran ist, dass das ja nicht einfach so aufhört. Nein, ganz im Gegenteil. Nach der privaten Leidenszeit, nach der schulischen Leidenszeit, da ist noch lange nicht Schluss. Dann geht es im Grunde genommen erst so richtig los. An was ich da gerade denke?

Zum Beispiel an die Lehre, an die Zeit bei der Bundeswehr oder beim Zivildienst. Ja genau. Auch da mussten wir erneut leiden. Zum Thema Bundeswehr kann ich aus eigener Erfahrung nichts beisteuern, aber was ich so von meinen Kumpels gehört habe, das hat mir gereicht. Von den üblichen Schikanen mal ganz abgesehen. Wie die jungen Rekruten dort leiden mussten war schon echt erschreckend.

Ob ich deshalb nicht zur Bundeswehr gegangen bin? Keine Ahnung. Ich weiß nur, dass Waffen und all so ein Zeug nichts für mich waren. Vielleicht war ich auch zu weich für die Truppe. Wer weiß das schon?

Aber glauben Sie nicht, dass es mir beim Zivildienst erheblich besser ergangen ist. Dort gibt es ja die unterschiedlichsten Möglichkeiten, wo man diesen Dienst ableisten kann.

Glücklicherweise konnte ich zum Behindertenfahrdienst. Die soziale Aufgabe an sich war nicht die Leidenszeit. Das waren vielmehr die Arbeitszeiten, die nervenden „Kollegen" und teilweise auch die Chefs. Okay, es war nicht alles schlecht und man musste nicht nur leiden. Man hat dort auch vieles gelernt und einige neue Freunde gefunden. Aber es ist so wie mit allem im Leben. Licht und Schatten. Freude und Frust.

Im Nachhinein betrachtet, allerdings eine sehr gute Schule fürs Leben. So, wie es die Bundeswehr ja wahrscheinlich auch ist.

Hat man den einen Leidensweg mehr oder weniger erfolgreich bestritten, wartet schon der nächste auf einen. Die Lehre!

Was ich in der Berufsschule so alles von anderen Leidensgenossen erfahren habe, einfach unglaublich. Da wurden die Lehrlinge für jede erdenkliche Arbeit eingespannt. All die Aufgaben, die sonst keiner machen wollte. „Mädchen für alles."

„Ach, dafür haben wir doch unseren Azubi. Geh mal das und das einkaufen. Putz mal den Bereich XY."

Um nur mal ein paar harmlose Beispiele zu nennen.

Jeder hat da sicher so seine eigenen Erfahrungen gemacht. Sind Sie mit mir einer Meinung, dass wir dort schon ordentlich gelitten haben?

Auch das hat uns doch irgendwie geprägt?

Da haben Sie Recht. Das will ich doch auch schwer hoffen, dass diese ganzen Erfahrungen nicht umsonst waren. Aber es stimmt. Stellen wir uns nur mal vor, es wäre alles und überall eitel Sonnenschein gewesen. Das wäre zwar im ersten Moment prima, aber auf lange Sicht gesehen formen uns doch diese Herausforderungen viel mehr. Das heißt also auch, diese Leidenszeiten sind wichtig für unsere Entwicklung.

Auf der anderen Seite müssen die Auslöser nicht unbedingt in der Vergangenheit liegen.

Auch die ganz gewöhnlichen beruflichen Situationen lassen uns leiden. Wir sind seit 20 Jahren bei einer Firma beschäftigt. Wir machen einen hervorragenden Job. Wir sind angesehen, erfolgreich und streben nach höherem. Doch was passiert? Bei der nächsten Beförderung werden wir mal wieder übergangen.

Eigentlich hatten wir fest damit gerechnet. Dieses Mal sind wir an der Reihe. Heute wird es klappen. Aber nein, ein junger Kollege, der vielleicht gerade mal drei Jahre im Unternehmen ist, aber einen Bachelor in „wasweißichwas" hat, der wird befördert.

Der soll das Team übernehmen. Gut, dass der gar keine Ahnung hat, wie man Mitarbeiter führt oder geschweige denn motiviert, das spielt keine Rolle. Wir hören nur aus einschlägigen Kreisen, über ihn wird gesagt, er hätte Potenzial, der könne sich noch entwickeln.

Was soll das heißen? Das wir mit Mitte 40 kein Potenzial mehr haben? Das wir jetzt schon zum alten Eisen gehören? Na vielen Dank auch. Danke dafür, dass wir endlich mal wieder leiden dürfen.

Und von diesen Beispielen gibt es wahrscheinlich hunderte.

Zu allem Überfluss leiden wir aber auch noch in ganz anderen Situationen. Wenn wir mal an ganz normale Alltagssituationen denken, wie zum Beispiel den Blick in den Spiegel. Wie bitte? Lieber nicht? Warum? Ist es so schlimm? Schönheit liegt doch immer im Auge des Betrachters. Wobei es gar nicht um schön oder weniger schön geht. Das ist wirklich immer relativ. Geschmäcker sind verschieden. Worauf ich hinaus wollte sind die typischen Männerprobleme.

Woran denken Sie dabei?

Bierbauch und Glatze?... Treffer!

Gerade das Thema Haare, also die auf dem Kopf, beschäftigt viele Männer doch enorm. Einige von uns haben leider schon in jungen Jahren damit zu kämpfen. Entweder fängt der kreisrunde Haarausfall schon viel zu früh an oder das Haar ist einfach viel zu dünn und wird generell im Laufe der Zeit immer weniger.

Und das macht uns echt zu schaffen. Wir leiden! Männer schauen argwöhnisch auf Freunde oder Kollegen, bei denen das nicht der Fall ist. Sie probieren die unterschiedlichsten Methoden aus, um dem Verfall entgegenzuwirken. Da wird schnell die Apotheke wieder aufgesucht, dieses Mal nicht um Erkältungsmedikamente zu kaufen, sondern um etwas gegen den Haarausfall zu erwerben. Da lief doch vor ein paar Tagen was in der Werbung. Das Zeug brauche ich. Dann sprießt es wieder wie am ersten Tag.

Von wegen. Ich kenne einige Betroffene, die die verschiedensten Mittel ausprobiert haben. Geholfen hat gar nichts. Das einzige was einen realistischen Effekt bringt, sind Haartransplantationen.

Allerdings sind diese meist schweineteuer und auch sehr schmerzhaft. Wir leiden doch sowieso schon. Wieso sollen wir jetzt noch mehr leiden?

Wie ist also die Reaktion vieler Männer?

Die lassen das alles sein und geben dem Haarwuchs an anderer Stelle eine Chance. Also nicht dort wo Sie es jetzt vielleicht vermuten, ich denke an das Gesicht. Ist Ihnen schon mal aufgefallen, dass die meisten Männer, die keine Haare mehr auf dem Kopf haben, fast alle einen Bart tragen?

Unabhängig davon, ob das gerade total hip oder modisch ist. Sie versuchen das oben fehlende mit dem unten wuchernden zu kompensieren. Ist ja auch durchaus legitim. Wenn das Ganze ordentlich und gepflegt aussieht spricht ja auch gar nichts dagegen.

Viele Männer sehen nach einer Weile auch einen großen Nutzen in dem fehlenden Haupthaar. Sie brauchen nicht alle paar Wochen zum Friseur zu gehen, müssen sich nicht kämmen, föhnen oder irgendwie stylen. Alles Dinge die sie sparen. Geld und Zeit. So ganz nach dem Motto, sich selbst zu manipulieren um sich zu motivieren.

Jetzt sieht das obenrum alles einigermaßen adrett aus, aber was ist mit dem anderen Bereich? Der Plauze. Wie ist es denn damit bestellt? Wie ist es, wenn der Blick im Spiegel nach unten wandert?

Letztens hat jemand bei einer Diskussion über Six-Pack oder One-Pack gesagt:

Solange ich meinen kleinen Freund noch sehe, wenn ich an mir runterschaue, ist alles gut.

Ist das so? Belügen wir uns da nicht selber?

Wie oft hört man die Frauen der Schöpfung über Figurprobleme sprechen? Aber was viele Frauen gar nicht wissen, uns Männern geht es größtenteils doch nicht anders. Was meinen Sie, liebe Frauen, warum wir so oft ins Fitnessstudio rennen. Oder warum wir dreimal in der Woche die Laufschuhe anziehen?

Wir machen das nicht nur für Sie. Also auch, aber im Endeffekt machen wir das für uns. Wir wollen doch auch nicht mehr leiden! Wir leiden schon genug!

Auch hier greifen diejenigen, die über einen gewissen Bauchumfang verfügen gern zu sogenannten selbstheilenden Sprüchen wie zum Beispiel:

„Ein Mann ohne Bauch ist kein Mann." Oder:

„Die Frau braucht doch etwas zum ankuscheln."

Ja klar Männer, belügt Euch doch ruhig selbst. Ja nicht der Realität ins Auge sehen. Immer schön alles verleugnen. Die paar Kilo Übergewicht sind doch nicht so tragisch. Ein bisschen mehr oder weniger Fett, ach was soll es.

Wenn aber dann irgendwann später der Arzt einem diagnostiziert, dass man an Diabetes leidet, fällt „Mann" aus allen Wolken. Er leidet jetzt noch mehr als vorher.

Jetzt denken wahrscheinlich alle, ich will Sie unbedingt zu Sport und gesunder Ernährung aufrufen. Keineswegs. Das ist nicht meine Aufgabe. Sie können doch machen was Sie wollen. Im Verhaltenstraining haben wir so eine schöne Aussage, die heißt:

Leiden oder daraus lernen!

Und das trifft jetzt mal wieder auf so ziemlich alles im Leben zu. Auf private und berufliche Situationen genauso. Sie entscheiden selber inwieweit Sie an sich oder Ihrem Verhalten etwas verändern wollen.

Nur eine winzige Kleinigkeit dazu. Wenn Sie darauf warten, dass die Menschen um Sie herum oder die Gegebenheiten sich verändern, dann können Sie lange warten.

Übrigens lange „warten" ist ein schönes Stichwort. Wahrscheinlich hat der ein oder andere schon sehnsüchtig auf dieses Thema gewartet oder sich gefragt, wann kommt er denn endlich zu dem Klassiker schlechthin?

Woran ich gerade mal wieder denke?

Frauen und ihre Zeit im Badezimmer. Ein wirklich echter Klassiker. Mit unheimlich vielen Klischees behaftet, wovon sehr sehr viele wahr sind.

Manche Männer leiden ja schon, wenn sie nur über dieses Thema nachdenken. Wenn sie sich nur vorstellen, wie lange es am nächsten Abend wieder dauern wird, bis die Chefin des Hauses fertigt ist.

Ja, Sie lesen richtig. Die Chefin des Hauses. Hatten Sie etwa irgendwas anderes erwartet? Wer hat denn bei Ihnen zu Hause die Hoheit über das Badezimmer? Sie etwa? Nein, mit Sicherheit nicht. Die einzige, die dort und auch in vielen anderen Bereichen das Sagen hat, ist Ihre Frau.

Das ist bildlich dargestellt eine ganz ähnliche Situation, wie die mit dem samstäglichen Einkauf in der Stadt. Die Frau beschäftigt sich mit sich selbst und wir Männer sitzen irgendwo rum und warten bis die Frau endlich fertig ist.

Auch hier gilt: Raus aus der Gefahrenzone! Nur nicht zu nah an den Ort des Geschehens herantreten. Wir ersparen uns eine Menge Leid. Und wir leiden ja eh schon wieder genug. Langsam ist das Fass voll. Wenn wir zu nah am Ort der Restauration sind, dann müssen wir eventuell noch kommunizieren.

Wir müssen was? Wir müssen reden. Genauer gesagt, wir müssen antworten. Wir müssen auf Fragen antworten wie zum Beispiel:

„Schatz, habe ich zu viel Schminke im Gesicht?"

„Ich kriege meine Haare nicht hin, so kann ich nicht gehen. Was soll ich machen?"

Was sollen wir denn darauf schon antworten? Egal was wir jetzt sagen, es ist sowieso alles verkehrt. Also weit weit weg von der Gefahrenzone. Das ist die Devise. Die Leidenszeit so gering wie möglich halten. Wir leiden ja schon wieder seit einer ganzen Weile, weil wir schon lange fertig sind und darauf warten endlich aus dem Haus zu gehen. Aber so ist das eben mit den Frauen.

BLICK DURCHS SCHLÜSSELLOCH

Widmen wir uns jetzt erst mal wieder ganz konkret den Männern. Beschäftigen wir uns direkt mit einem äußerst delikaten Thema. Mit dem Toilettengang des Mannes.

Igitt, wie ekelig. Sagen die Frauen an dieser Stelle bestimmt. Wenn ich an die Personaltoiletten meiner früheren Arbeitgeber denke, dann kann ich Ihnen das „Igitt" nur zurückgeben. Was ich schon so alles über Frauentoiletten gehört habe – wenn davon nur die Hälfte zutrifft, dann aber wirklich „Igitt"! Dagegen sind die meisten Herrentoiletten das reinste Wohlfühlparadies.

Ich erspare Ihnen allerdings an dieser Stelle von beiden „Orten" die Details, denn es geht ja in erster Linie um die Menschen und nicht um das Drumherum. Wobei vielleicht ist das schon ein Grund dafür, warum Frauen immer zu zweit auf die Toilette gehen. Aber dazu später mehr.

Frage an die Herren:

Kennen Sie das? Sie sind mit ein paar Freunden unterwegs, es wird gefeiert, gelacht und getrunken! Irgendwann drückt die Blase.

Die ganzen Biere müssen wieder raus. Also, ab aufs stille Örtchen. Das Problem ist oftmals nur, so still ist das da gar nicht. Also nicht das, was Sie jetzt vielleicht gerade denken. Es geht nicht um irgendwelche Geräusche, die dort erzeugt werden. Na prima, das sind ja wieder hervorragende Bilder im Kopf. Kommen Sie, jetzt stellen wir uns mal nicht so an, wir sind doch alle erwachsen.

Im Moment geht es um eine ganz spezielle Situation. Wie gesagt, die Blase drückt, es wird langsam höchste Eisenbahn. Also auf zur Toilette. Das Problem, diese Idee hatten andere auch. Jetzt stehen wir da am Pissoir, also wenn was frei ist, konzentrieren uns auf unseren kleinen Freund, aber nichts passiert.

Eigentlich müsste ein Strahl aus uns herausschießen, der uns befähigt den nächsten Waldbrand zu löschen. Aber nein. Nichts dergleichen passiert. Woran liegt's? Links und rechts von uns stehen unsere Artgenossen und versuchen ebenfalls ihr kleines Geschäft zu verrichten. Bei dem einen scheint es zu klappen, der andere scheint die gleichen Schwierigkeiten zu haben wie wir.

Warum läuft da jetzt nichts? Also im wahrsten Sinne des Wortes! Nichts passiert. Der Nachbar zur Rechten ist schon lange wieder verschwunden und widmet sich dem nächsten Bier.

Hat der sich eigentlich gerade die Hände gewaschen? Keine Ahnung. Wahrscheinlich eher nicht, so schnell, wie der wieder verschwunden war. Aber jetzt gibt es wichtigeres. Wir sind viel zu sehr mit uns selbst beschäftigt, als dass wir jetzt auch noch darauf achten könnten. Und außerdem stehen hinter uns schon die nächsten Kameraden, die auch mal was loswerden wollen.

Der Kollege zu meiner Linken hat es tatsächlich auch geschafft. Wir stehen immer noch da. Die Neuankömmlinge gehen verrichteter Dinge ebenfalls wieder von dannen. Unser Blick wandert nach unten, aus den Augenwinkeln schauen wir nach links und nach rechts. Keiner zu sehen, also Wasser marsch! Eine Welle der Erleichterung bricht über uns herein. Unser Blick stur geradeaus auf die Wand gerichtet zeigt uns den Blick auf ein Graffiti: *„No Ballplaying allowed!"* Hahaha. Sehr witzig. Keine Ballspiele erlaubt! Sie verstehen schon – Bälle, Mann, usw. Warum haben wir uns nicht schon früher auf diesen äußerst erheiternden Schriftzug konzentriert? Vielleicht wäre dann einiges leichter gewesen.

Aber warum „können" viele Männer nicht, wenn jemand danebensteht? „Kann" hier nur der Starke, das Alphamännchen? Oder hat das irgendwelche anderen, vielleicht psychologischen Hintergründe?

Möglicherweise geht es ja hierbei auch im weitesten Sinne darum, sein Revier zu markieren. Vielleicht sind wir in dem Moment einfach nicht stark genug. Oder nicht besoffen genug, das könnte natürlich auch sein. Wenn wir also demnächst noch viel mehr trinken, ist es womöglich egal, ob wir alleine am Pissoir stehen oder nicht. Aber das kann natürlich auch keine Lösung sein. Sie wissen ja, Alkohol ist keine Lösung, zumindest keine gute. Und auf jeden Fall keine langfristige.

Aber nochmal zum Punkt „Revier markieren". Warum machen wir es denn nicht wie die Hunde? Wenn wir ein tolles Revier entdeckt haben, Bein hoch und Wasser marsch. Also im übertragenen Sinne.

Wenn wir demnächst an der Bar oder in der Disko eine tolle Frau entdeckt haben, gehen wir hin und Bein hoch...

Ich glaube, ich verwechsele da gerade etwas. Wenn ein Hund eine mögliche Gespielin entdeckt hat, dann schnüffelt er doch erst mal an ihrem Hinterteil, oder? Also ab auf alle Viere und... Nein, bitte machen Sie das nicht. Es gibt gute Gründe warum wir uns von der Tierwelt unterscheiden.

Obwohl, wenn man sich so den einen oder anderen näher betrachtet, der Primat steckt schon noch in ihm drin.

Unterm Strich gibt es aber absolute „No go's", Dinge die man(n) nicht macht oder sagt. Wo wir gerade darüber reden, wollen wir das ganze Thema auch mit einigen Zoten versehen.

Kennen Sie zufällig diesen Witz:

>*Stehen zwei Männer an der Pinkelrinne. Der eine schaut zum anderen rüber, entdeckt die gleiche Tätowierung, WY, auf dem besten Stück seines Nachbarn und fragt: „Hey Kumpel, heißt Deine Freundin auch Wendy?" Der dunkelhäutige Rastamann grinst und antwortet: „Nein, bei mir steht: Welcome to the Bahamas and have a nice Holiday."*<

So viel zum Thema „Augen geradeaus" und „Klappe halten".

Nachdem das Niveau jetzt komplett im Keller ist, können wir uns kurz mit den Damen der Schöpfung beschäftigen. Und hier beschäftigt uns vor allem die wichtige Frage:

Wieso gehen Frauen eigentlich immer zu zweit aufs Klo?

Jetzt bin ich ja keine Frau, ich kann also nur mutmaßen. Auch meine Recherche im Familien- und Freundeskreis hat wenig Erleuchtendes gebracht. Also liebe Frauen, warum?

Fühlen Sie sich dann sicherer? Wollen Sie noch ein wenig über andere tratschen? Helfen Sie sich gegenseitig beim Wiederaufhübschen? Was ist der Grund?

Oder ist es bei Ihnen genau das Gegenteil, können Sie nicht, wenn Sie alleine sind? Nein, das wäre ja echt unlogisch. Und wenn man sich so die Schlangen vor den Damentoiletten anschaut, dann geht das ja gar nicht. Auf der anderen Seite, wenn jede zweite Frau mit Ihrer Freundin auf das WC geht, dann erklären sich natürlich auch wieder diese enormen Schlangen. Komischerweise gibt es so was bei den Männern nicht. Oder haben Sie schon mal eine Warteschlange am Herren-WC gesehen? Geschweige denn, dass der eine zum anderen sagt:

„Du ich muss mal auf's Klo, kommst Du mit?"

Na also.

Was ich mich manchmal Frage, ob diese Freundinnen dann auch zusammen auf eine Toilette gehen? Also, auf ein und dieselbe? Verstehen Sie? Aber das sind wieder zu viele Bilder im Kopf.

Apropos Bilder. Ich würde gern an dieser Stelle doch noch einmal auf die Sauberkeit, beziehungsweise auf die nicht vorhandene Sauberkeit auf den Damentoiletten zu sprechen kommen. Stimmt das wirklich?

Sieht es bei Ihnen tatsächlich so ekelig aus, wie man mir das geschildert hat? Und wenn ja, warum ist das so? Außen hui und innen pfui? Also wenn die Geschichten stimmen, die an mich herangetragen wurden, na dann gute Nacht!

Ich werde an dieser Stelle aber lieber nicht ins Detail gehen, denn allein, wenn ich darüber nachdenke, wird mir schon ganz schlecht.

Wie sieht es denn bei Ihnen mit der Hygiene aus? Also nicht mit das was Sie jetzt schon wieder denken. Waschen Sie sich alle nach dem Toilettengang die Hände? Ja klar. Jeder macht das natürlich.

Auch hierzu habe ich wieder die unterschiedlichsten Recherchen durchgeführt. Ein „Insider", also eine Toilettenfrau in einem Einkaufs- und Restaurantkomplex hat mir geschildert, dass mindestens 70% der Leute sich nicht die Hände waschen. Und je besser die Menschen gekleidet wären, desto schlampiger wären sie mit der Hygiene. Also doch außen hui und innen pfui!

Während dieser Studie hat mal jemand zu mir gesagt:

„Warum soll ich denn meine Hände waschen?"
„Wenn ich sie mir wasche, die Person vor mir aber nicht und ich fasse nach ihr den Türgriff an um die

Toilette zu verlassen, dann war doch eh alles um-
sonst.“

Na prima. Was für eine Logik. Wenn es nach ihm ginge, also gar nicht mehr waschen. Da fällt mir gerade die Aussage meiner Frau ein, die vor kurzem zu mir sagte:

„Warum willst Du Dein Auto denn schon wieder
waschen, das wird doch eh wieder dreckig!“

Na prima. Warum spülen wir denn dann überhaupt unsere Teller und unser Besteck, wird doch eh wieder dreckig. Was für eine Logik.

Haben wir eine befriedigende Antwort gefunden, warum Männer manchmal nicht können und Frauen oft zu weit auf die Toilette gehen? Nein. Vielleicht wollen wir es auch gar nicht wissen.

Eins ist auf jeden Fall klar. Nicht nur wir Männer leiden. Unsere Frauen tun es mit Sicherheit auch! Sie haben wahrscheinlich nur ganz andere Beweggründe warum sie leiden.

„WERKZEUGE"

Über die Leidensphasen von uns Männern, speziell bei „Männerschnupfen", haben wir zu Beginn dieses Buches ja schon einiges erfahren.

Zu dieser ganzen Thematik „Männer leiden mehr als Frauen" gibt es ja auch etliche Studien. Eine dieser Studien wurde von Wissenschaftlern der University of Pennsylvania durchgeführt. Diese schlauen Menschen haben herausgefunden, dass der männliche Körper, beziehungsweise sein Immunsystem, mit Viren und Bakterien viel schlechter fertig wird, als das weibliche Immunsystem. Der weibliche Körper kann sich viel besser verteidigen.

Na da haben wir es doch. So einfach ist das. Was reden wir da lange um den heißen Brei herum? Das erklärt doch alles. Endlich haben wir es ganz offiziell. Wir dürfen also wie „Häufchen Elend" auf der Couch rumlümmeln. Wir dürfen „dramatisch Husten" oder „herzzerreißend Stöhnen" und mit „gebrechlicher Stimme" nach Suppe fragen. Jawohl. Es ist offiziell liebe Frauen. Ihr könnt nichts dagegen machen.

So viel zur Theorie. Nur leider sieht die Realität ganz anders aus. Es wäre auch zu schön gewesen.

Passend dazu gibt es aus unserem Training einen absolut zutreffenden Satz oder besser gesagt, ein hilfreiches Werkzeug:

„Alles hat zwei Seiten!"

Oder anders ausgedrückt:

„Jeder Mensch hat aus seiner Sicht gesehen Recht, denn er sieht es so!"

Die Frau hat aus ihrer Sicht gesehen Recht, wenn sie sagt: *„Jetzt stell Dich mal nicht so an, es ist doch nur ein Schnupfen."*

Der Mann hat aus seiner Sicht gesehen Recht, wenn er sagt: *„Schatz, ruf meine Mutter an, ich bin krank."*

Beide Seiten haben ihre Berechtigung. Beide Standpunkte sind nachvollziehbar und aus der Sicht des Jeweiligen ganz eindeutig. Worin liegt also die Kunst? Sich einmal auf die Seite des anderen zu begeben und die entsprechende Situation aus seiner Sicht zu sehen.

Dazu benötigen wir aber die Bereitschaft, bildlich gesprochen, einmal aufzustehen und auf die Seite des anderen zu gehen. Und das alleine ist schon oftmals die größte Herausforderung.

Warum? Weil wir Menschen bequem sind? Mag sein. Weil wir vielleicht sogar faul sind? Schon möglich.

Wahrscheinlich liegt es aber einfach nur daran, dass wir nicht wollen. Wir haben, auf gut Deutsch gesagt, einfach keinen Bock, den anderen zu verstehen. Geschweige denn, ihm Mitleid zu zollen.

Jetzt schreibe ich wieder in der Wir-Form, beziehungsweise auch aus der Sicht der Frauen. Erschreckend. Ich wollte doch eine Lanze für die Herren der Schöpfung brechen. Okay, haben wir ja auch bis hierhin gemacht. Nur vielleicht ist es ja wirklich an der Zeit, die Frauen und deren Reaktionen besser zu verstehen und anders einzuordnen. Wobei das andersherum natürlich genauso gilt.

Auch hierzu gibt es ein hervorragendes Werkzeug aus dem Verhaltenstraining:

„Blamiere Dich täglich!"

Was verbirgt sich dahinter? Nicht, dass wir jetzt bewusst durch die Gegend laufen sollen, um uns zu blamieren. Das ist damit natürlich nicht gemeint. Es geht ganz konkret um die richtige innere Einstellung.

Wenn wir die richtige innere Einstellung haben, ganz nach dem Motto **„Blamiere Dich täglich"**, dann fällt es uns auf einmal viel leichter, endlich mal Dinge in Angriff zu nehmen, die wir sonst immer nur vor uns hergeschoben oder noch nie getan haben. Zum Beispiel, dem Partner Recht zu geben.

Also, liebe Damen, was spricht dagegen, einfach mal dem Gatten zu sagen:

„Schatz, Du hast Recht. Du bist wirklich krank. Ich kümmere mich gleich um Dich. "

Jetzt werden wahrscheinlich alle Männer gerade mit dem Kopf nicken und sagen: *„Ja, genau so sollte es sein. "*

Und die Frauen werden die Hände über dem Kopf zusammenschlagen und sagen:

„Hat der sie noch alle? Das wäre ja noch schöner. Dann bin ich ja die private Krankenschwester für meinen Mann. "

So viel zum Thema **„Jeder Mensch hat aus seiner Sicht gesehen Recht..."** Im Endeffekt ist es doch nichts anderes, als mal über seinen eigenen Schatten zu springen. Anscheinend liegt aber genau da die Herausforderung. Egal ob für Männer oder für Frauen. Jeder hat damit so seine Schwierigkeiten.

Apropos Schwierigkeiten. Haben wir davon in der Beziehung nicht eigentlich schon genug? Jetzt kommt auch noch der Autor und wirbt für mehr Verständnis und Toleranz. Als wenn wir sonst keine Probleme hätten. Ja, ich kann Sie durchaus verstehen, wenn Sie so denken.

Allerdings ist das doch genau der falsche Ansatz. Es geht keineswegs darum, dem anderen bedenkenlos Recht zu geben. Das wäre fatal und würde nur nach hinten losgehen. Es geht einzig und allein darum, Konfrontationen aus dem Weg zu gehen. Oder sagen wir es anders, sie von vornherein zu vermeiden.

Wie oft wird durch eine unbedachte Äußerung ein ganzes Feuer entfacht? Wie schnell wird durch eine unüberlegte Geste ein riesiger Streit provoziert?

Wäre es nicht schön und hilfreich, wenn wir die Möglichkeit hätten, dass zu vermeiden? Was brauchen wir dazu? Unser Bewusstsein. Unser Unterbewusstsein hilft uns nämlich an dieser Stelle überhaupt nicht. Wieso? Wir hatten es schon einmal erwähnt. Weil Dinge, die wir aus dem Unterbewusstsein heraus machen, nicht immer die besten Worte, Gesten oder Entscheidungen sind. Wir meinen es zwar vielleicht gut, aber bei unserem Gegenüber kommt etwas ganz anderes an.

Das ist dann der klassische Fall zwischen *Sender und Empfänger*. Deshalb die entscheidende Frage an Sie:

Was ist denn wichtiger? Was der Sender von sich gibt oder was beim Empfänger ankommt? Was ist wichtiger?

Ganz klar, was beim Empfänger ankommt.

Warum ist das gerade in der Kommunikation zwischen Männern und Frauen so extrem wichtig? Weil wir somit die Leidenszeiten auf ein Minimum reduzieren können. Und das wollen wir doch alle, oder?

Also, wenn der Mann die Frau motivieren möchte, mit ihm etwas zu unternehmen, wozu die Frau eigentlich gar keine Lust hat – sie sich aber manipuliert fühlt, dann ist das Ganze in die Hose gegangen.

Wenn der Mann die Frau bewusst manipuliert, sie fühlt sich aber in dem Moment motiviert, dann war das in diesem Fall in Ordnung.

Wir sehen, es ist nicht wichtig, was der Sender von sich gibt, sondern es kommt immer darauf an, was beim Empfänger ankommt. Das ist der Schlüssel zum Erfolg.

Vielleicht sagt Ihnen der Name Phillip Rosenthal noch etwas. Er war unter anderem Inhaber der Porzellanmanufaktur Rosenthal.

Ihm wurde vor vielen Jahren in einer Talkshow mal die Frage gestellt, welchen Unterschied er zwischen Motivation und Manipulation sehen würde?

Er antwortete daraufhin, dass für ihn beide Begriffe nicht mehr existieren würden, für ihn gäbe es nur noch einen Begriff, nämlich MOTIPULATION.

Er könne nämlich nicht mehr entscheiden, wo das eine aufhört und das andere anfängt.

Und an diesem Satz ist so viel Wahres dran. Warum? Weil, wenn das Vorhaben in die Hose geht, wir alles nur noch schlimmer machen. Soll heißen, wir sind wieder bei dem Motto, beziehungsweise bei der inneren Einstellung *„Blamiere Dich täglich"*.

Das heißt also für uns, wir müssen uns vorher ganz genau überlegen, wie wir unseren Partner motivieren oder manipulieren wollen. Und an dieser Stelle nochmal der Hinweis bezüglich des Begriffs „manipulieren". Das klingt ja immer sehr negativ. Ist aber nicht unbedingt der Fall. Denn wir wollen ja manipulieren um zu motivieren. So ganz nach dem Motto „Der Zweck heiligt die Mittel".

Wir wollen also niemandem etwas Böses. Wir nutzen nur die gesamte Bandbreite der Rhetorik oder der Körpersprache aus. Dazu fällt mir gerade noch ein weiteres exzellentes Werkzeug ein:

„Auf die persönliche Wirkung kommt es an!"

Entscheidend ist nicht was ich weiß, was ich kann oder wer ich bin – sondern wichtig ist, wie ich mit diesen Fähigkeiten auf meinen Gegenüber wirke.

Dann stellt sich natürlich die Frage, was ist denn eigentlich „Wirkung"?

Im Endeffekt ist alles, was wir sagen oder machen Wirkung. Sobald wir nicht mehr alleine im Raum sind fangen wir an zu wirken.

Nehmen wir nur mal die Beispiele von vorhin. Der Mann sitzt wie ein Häufchen Elend auf der Couch, die Nase trieft, die Augen brennen und die Glieder schmerzen. Er wirkt! Natürlich nicht unbedingt positiv. Aber er kann ja nicht anders, wie die Studie ja bestätigt hat.

Die Frau kommt von der Arbeit nach Hause, sieht ihren Mann dort vor sich hinvegetieren, schüttelt nur den Kopf und geht mit abfälligen Blick an ihm vorbei.

Beides wirkt auf den anderen. Beides hilft aber auch nicht, ein harmonisches Miteinander herzustellen. Im Gegenteil. Die Frau denkt sich nur, *„Mensch stell Dich doch nicht so an!"* Sie sagt es nicht, aber man sieht es ihr an. Der Mann denkt sich, *„wieso kümmert sich eigentlich keiner um mich, ich bin doch schließlich krank!"* Vielleicht spricht er es sogar laut aus. So oder so, wir wirken immer. Wir können uns unserer eigenen Wirkung nicht entziehen.

Die wichtige Frage ist nur, wie kommt diese Wirkung bei unserem Gegenüber an? Das ist jetzt entscheidend. Vor allen Dingen entscheidend für den weiteren Umgang miteinander.

Wenn jetzt also der Mann versucht, sich ein bisschen am Riemen zu reißen und die Frau ein wenig toleranter ist, dann können beide Seiten viel entspannter miteinander umgehen.

Eine Partnerschaft ist doch immer ein Geben und Nehmen. Vielleicht vergessen das viele Menschen im Laufe einer Beziehung. Denn wenn das Gleichgewicht diesbezüglich nicht mehr intakt ist, dann wir es schwer auf Dauer eine harmonische Beziehung zu führen.

Klingt schon wieder nach einem Beziehungsratgeber, oder? Ob ich dafür geeignet bin? Nach über 22 Ehejahren denke ich schon. Da habe ich schon die verschiedensten Höhen und Tiefen erlebt.

Aber es geht ja nicht nur um Beziehungen, wenn wir über Leidensphasen von Männern oder Menschen allgemein sprechen. Es geht um ganz alltägliche Situationen. Die Gespräche mit Kunden, Kollegen oder Vorgesetzen. Die Begegnungen mit Verkäufern oder Dienstleistern jeglicher Art. Das Aufeinandertreffen mit Nachbarn, Bekannten oder Freunden.

Wenn wir uns hierbei bewusst machen, dass wir immer auf die ein oder andere Art wirken und damit etwas auslösen, dann fällt es uns womöglich leichter, mit diesen Personen anders umzugehen.

Wenn wir es denn auch wollen. Das ist natürlich eine Grundvoraussetzung. Ohne die wird das nicht funktionieren. Passend dazu abschließend ein letztes Werkzeug und gleichzeitig eine Aufforderung zur Tat:

„Erfolg ist frei-willig"!

Es ist unser freier Wille, in wie weit wir erfolgreich sein wollen. Wenn wir darauf warten, dass andere dafür sorgen, dass wir erfolgreich sind, dann können wir lange warten. Wir entscheiden selbst, was wir wie machen. Wir haben es in der Hand, was wir wie sagen. Und wir sind Herr über unsere Körpersprache.

Erfolg ist frei-willig! Aber es ist nie zu spät damit zu beginnen, sich konsequent erfolgsversprechend zu verhalten!

Sollten wir es also geschafft haben, mit dieser zum Teil autobiographischen Schilderung, Männer und Frauen gleichermaßen anzusprechen und zum Nachdenken anzuregen, dann würde mich das sehr freuen.

Wenn Sie zusätzlich noch Ihre Freude mit dieser Lektüre hatten, dann freut mich das umso mehr. Sie dürfen das Buch natürlich auch gern weiterempfehlen. Und wenn Sie mal kein passendes Geschenk zur Hand haben, Sie wissen ja, ausgezeichnete Bücher sind immer ein tolles Präsent.

Vielen Dank für Ihr Vertrauen!

WICHTIGES ZUM SCHLUSS

Wir hatten ja zu Beginn dieses Buches eine wichtige Frage im Raum:

Kann dieses Buch es schaffen, dass Frauen mehr Verständnis für ihre Männer aufbringen und kann dieses Buch es ebenfalls schaffen, dass wir Männer anders auf unsere Frauen reagieren?

Der einzige, der das beantworten kann, sind Sie. Sie haben es in der Hand. Das Buch zum einen und die Möglichkeit zur Verhaltensänderung auf der anderen Seite. Sie entscheiden selbst, was Sie sich von diesen ganzen Schilderungen zu Herzen nehmen.

Etwas kann ich Ihnen auf jeden Fall versprechen. Sie werden in Zukunft noch sehr oft an dieses Buch und die Erfahrungen daraus denken. Denn immer dann, wenn mal wieder der Mann unter Schnupfen leidet, immer dann, wenn die Frau mal wieder mürrisch auf den kränkelnden reagiert, dann werden Ihnen diese Geschichten in den Sinn kommen.

Und genau das wird dann hoffentlich dazu beitragen, dass der Umgang untereinander viel harmonischer wird.

Das Leben ist zu kurz. Es ist zu kurz, sich über das Verhalten anderer Menschen aufzuregen. Es ist zu kurz, Zeit damit zu vergeuden, bestimmte Dinge immer und immer wieder zu hinterfragen. Es ist zu kurz, um sich zu ärgern. Es ist zu kurz, um endlose Diskussionen zu führen, die meistens eh zu nichts führen. Das Leben ist zu kurz, um sich mit Sachen zu beschäftigen, die uns keine Freude bereiten. Es ist zu kurz, um sich mit Menschen zu umgeben, auf die wir keine Lust haben.

Das alles läuft allerdings immer wieder auf dasselbe hinaus. Wir haben es in der Hand! Erfolg ist frei-willig! Wir entscheiden selbst, über wen oder was wir uns ärgern. Nur wir selbst können ganz bewusst die positiven Dinge des Lebens genießen.

Passend dazu einen schönen und zutreffenden Satz von Mark Twain:

„Beklage Dich nicht über die Welt – Sie war vor Dir da!

An dieser Stelle nochmals herzlichen Dank für Ihr Vertrauen! Ich wünsche Ihnen weiterhin alles Gute...und den Herren der Schöpfung...gute Besserung!